경영은 통찰에서 시작되고 실행으로 완성된다

생각으로 방향을 세우고,
행동으로 회사를 움직이다

저자 김종원

경영은 통찰로 시작되고 실행으로 완성된다
생각으로 방향을 세우고, 행동으로 회사를 움직이다

김종원

1쇄 인쇄 / 2025. 11. 20
1쇄 발행 / 2025. 11. 25

발행처 / 다해
등록번호 / 제 301-2011-069
주   소 / 서울특별시 중구 충무로29 아시아미디어타워 703호
대표전화 02)2266-9247

값 16,000원
ISBN 979-11-5556-301-4   13320

저작권자 ⓒ 2025. 김종원
이 책의 저작권은 김종원에게 있습니다. 서면에 의한 저자의 허락없이
내용의 일부를 인용하거나 발췌하는 것을 금합니다.

경영은 통찰로 시작되고
실행으로 완성된다

생각으로 방향을 세우고, 행동으로 회사를 움직이다

김종원

머리말

AI 시대, 경영은 통찰에서 시작되고 실행으로 완성된다

경영자는 늘 선택의 한가운데 서 있다.
정보는 넘치지만 본질은 희미하고, 기술은 빠르지만 판단은 더디다.
AI가 미래를 예측해 주는 시대일수록, "무엇을 보고 어떻게 실행할 것인가"에 대한 리더의 통찰이 더욱 절실해진다.

이 책은 그러한 물음에서 시작되었다.
나는 오랜 시간 동안 현장에서 수많은 조직과 사람을 만나며,
'경영이란 결국 통찰(Insight)과 실행(Action)의 균형 예술'이라는 결론에 다다랐다.
깊이 있는 통찰 없이 내리는 결정은 방향을 잃고, 실행 없는 통찰은 사색에 머문다.
리더란 불완전한 정보 속에서도 판단하고, 그 판단을 행동으로 옮겨 조직을 움직이는 존재다.

AI의 발전은 경영자의 일상을 바꾸어 놓았다.
데이터는 과거를 설명하고, 알고리즘은 미래를 예측하지만,
그 사이에서 '의미를 해석하고 결정하는 일'은 여전히 인간의 몫이다.

기계는 계산하지만, 사람은 판단한다.

AI가 만들어 주는 숫자의 숲에서 길을 찾는 것은 결국 '리더의 시선'이다.

이 책은 내가 평소 경영 현장에서 고민해 온 질문들 —

'사람은 왜 변하지 않는가', '조직은 왜 복잡해지는가', '리더십은 어디에서 시작되는가' —에 대한 탐색의 기록이다.

나는 이 고민들을 정리하기 위해 ChatGPT를 적극 활용했다.

AI를 단순한 정보 도구가 아닌, 사유(思惟)의 파트너로 삼아

내가 떠올린 문제를 언어로 다듬고, 생각을 구조화하며,

그 결과를 실제 경영 현장에서 실행하고 검증했다.

즉, 이 책은 AI와 사람이 함께 만든 경영 노트이자,

현장의 실험으로 증명된 사장의 통찰 일지다.

책의 구성은 '사람 → 통찰 → 판단 → 실행 → 조직 → 철학 → 책임'의 여정을 따른다.

1장은 사람: 한 사람의 변화가 회사를 어떻게 움직이는가를 다루며,

2장은 통찰: 리더의 시선,

3장은 판단, 4장은 실행, 5장은 조직, 6장은 철학, 7장은 책임을 다룬다.

각 장의 내용은 학문적 이론보다는 현장에서 부딪히며 얻은 경험, 즉 '살아 있는 경영의 언어'로 구성되어 있다.

나는 이 책을 통해 사장이란 결국 '사유하는 실천가' 임을 말하고 싶었다.
AI 시대의 경영자는 데이터보다 사람을, 기술보다 철학을, 속도보다 방향을 중시해야 한다.

이 책은 완결된 해답서가 아니다.
오히려 "생각하고, 정리하고, 실행하고, 다시 질문하는 과정" 그 자체를 기록한 결과물이다.
AI가 계산을 대신해주는 시대일수록,
경영자는 더 깊이 생각하고 더 인간적으로 실행해야 한다.

AI는 예측하지만, 리더는 판단하고 실행한다.
이것이 내가 경험으로 배운 경영의 본질이며,
이 책의 모든 장이 전하고자 하는 메시지다.

2025년 가을

김 종 원

목차

제1장 사람: 모든 변화는 사람에게서 시작된다 — 1

    한 사람의 변화가 회사를 움직인다 — 2
    내부 자산만으로는 혁신할 수 없다 — 5
    다양성은 생명의 힘이다 — 8
    숲을 가꾸기 위해서는 가지치기가 필요하다 — 13
    사장은 사람을 어떻게 볼 것인가? — 16
    썩은 사과의 법칙 — 19
    적합한 사람이 자산이다 — 22
    급여는 사람을 데려오고 사명은 사람을 남긴다 — 24

제2장 통찰: 리더의 시선 — 27

    부족한 정보로 판단하는 것이 통찰이다 — 28
    보는 힘의 3단계 – 관찰, 성찰, 통찰 — 31
    보는 것이 경영이다 — 34
    사슴을 쫓는 자는 산을 보지 못한다 — 37
    항해술의 시작은 자기 위치 파악이다 — 40
    견시관찰, 대관소찰 — 43
    리더란 전체를 볼 수 있는 사람이다 — 47
    시선의 높이가 삶의 높이다 — 51

제3장 판단: 의사결정 — 55

의사결정의 프로세스에서 경영적 판단의 중요성 — 56
세계의 리더들은 왜 직감을 단련하는가 — 59
컨설팅은 답을 찾고 코칭은 질문을 찾는다 — 63
원칙 없는 유연함은 방종이다 — 67
똑똑하게 보이고 싶다면 덜어내라 — 70
게릴라전에서는 모든 병사가 의사결정자이다 — 73

제4장 실행: 전략, 실행력 — 77

공장을 보지 말고 시장을 보라 — 78
성공은 복합적 게임이다 — 82
약이냐 독이냐는 사용량에 달려 있다 — 86
잘못된 결정도 실행이 살린다 — 90
디자이너만이 살아남는다 — 94
세상은 인센티브로 돌아간다 — 99
숙련도의 종말 — 104
실행력이 경쟁력이다 — 108
진짜로 문제를 해결한 사람들은 그것을 기억한다 — 112
맥락을 팔아라 — 115
점·선·면 전략: 작은 점이 세상을 바꾸는 힘 — 118

제5장 조직: 시스템과 프로세스 — 123

    수직적 협업이 중요하다　　　　　　　　　　　　　　124
    모든 권한은 위에 있고 모든 정보는 아래에 있다　　128
    일류는 철학, 이류는 시스템, 삼류는 물건을 본다　　132
    체계적인 시스템과 프로세스가 기업의 실력이다　　137
    일을 잘하는 것보다, 잘하게 만드는 것이 더 어렵다　141
    화이트칼라의 소멸　　　　　　　　　　　　　　　145
    기술을 전략으로 바꾸는 것이 경영이다　　　　　　149
    관리자 없는 조직, 미래는 어떻게 작동하는가?　　　152
    조직 운영, 고전에서 길을 찾다　　　　　　　　　　156
    팀 정렬이 만드는 강한 조직　　　　　　　　　　　159

제6장 철학: 삶과 경영 — 163

    칼바람이 불면 그 끝은 봄바람이다　　　　　　　　164
    실패를 자산으로 만드는 기업　　　　　　　　　　167
    안전하다는 것이 때론 가장 위험한 선택이다　　　　169
    개인은 커지고 조직은 작아진다　　　　　　　　　172
    죽은 세포가 나무의 장수에 기여한다　　　　　　　175
    내공은 독서와 여행으로 완성된다　　　　　　　　177
    현상은 복잡하나 법칙은 단순하다　　　　　　　　180
    검색, 사색, 탐색　　　　　　　　　　　　　　　　182
    시간 알려주지 말고 시계를 만들어줘라　　　　　　185
    다름은 표현하고 나음은 증명하라　　　　　　　　187
    언어의 한계는 세계의 한계이다　　　　　　　　　189

제7장 책임: 자율경영과 책임경영 — 191
신뢰를 기반으로 한 위임의 기술 192
지시에서 연결로 197
나무에서 리좀으로, 통제에서 연결로 202
CEO의 멘탈관리 206
선제적 근본적 문제해결 211

제1장

사람: 모든 변화는 사람에게서 시작된다

모든 변화는 사람에게서 시작된다. 새로운 시스템, 전략, 제도보다 중요한 건 '한 사람의 마음가짐'이다. 내부 자산만으로 혁신하지 못하는 이유는 자산이 아니라 사람에 있다. 변화를 두려워하지 않는 사람, '다름'을 받아들이는 사람, 가지를 쳐야 숲이 자란다는 것을 아는 사람. 이 한 사람이 움직이면 주변이 움직이고, 결국 조직이 움직인다. 조직은 시스템보다 관계가 먼저다. 관계의 중심은 결국 사람이다. 그런 면에서 경영자는 사람을 보는 눈을 가져야 한다. 사람을 숫자로 보지 않고, 가능성으로 보는 안목이 필요하다. 진짜 자산은 시스템이 아니라 '적합한 사람'이다.

목 차

- ❖ 한 사람의 변화가 회사를 움직인다
- ❖ 내부 자산만으로는 혁신할 수 없다
- ❖ 다양성은 생명의 힘이다
- ❖ 숲을 가꾸기 위해서는 가지치기가 필요하다
- ❖ 사장은 사람을 어떻게 볼 것인가?
- ❖ 썩은 사과의 법칙
- ❖ 적합한 사람이 자산이다
- ❖ 급여는 사람을 데려오고 사명은 사람을 남긴다

한 사람의 변화가 회사를 움직인다

 회사라는 조직은 얼핏 보면 크고 무겁다. 수십 명에서 수천 명의 구성원이 함께 일하고, 다양한 제도와 절차가 얽혀 있다. 그러나 이 거대한 시스템이 움직이는 순간을 들여다보면, 언제나 출발점은 '한 사람'이다.

 한 사람의 문제의식, 한 사람의 제안, 한 사람의 실천이 조직 전체를 흔든다. 경영학자 커트 레윈(Kurt Lewin)은 조직의 변화가 '해빙-변화-재동결'이라는 단계를 거친다고 설명했다. 이 변화는 항상 개인의 수준에서 시작된다. 한 사람이 고정된 관행을 녹이고, 새로운 방식을 시도하며, 그것이 하나의 문화로 굳어진다.

 애플의 부활은 스티브 잡스(Steven Paul Jobs)의 복귀로부터 시작되었고, 토요타 생산방식(TPS)의 핵심 원칙은 엔지니어 타이이치 오노(Taiichi Ohno)의 현장 제안에서 비롯되었다. 넷플릭스의 유명한 인사 정책도 HR 책임자 패티 맥코드(Patty McCord)의 실험에서 시작되었다. 기업의 역사에서 '한 사람'은 늘 결정적인 존재였다.

 조직은 규정으로 움직이는 듯 보이지만, 실제로는 사람의 행동에 의해 변화한다. 사내 제도가 아니라 선례가 문화가 되고, 설명보다 실행이 기준이 된다. 누군가 조직에서 처음으로 '원칙에 따른 거절'을 실천하면, 그 순간부터 회의의 분위기조차 바뀐다. 그 한 사람이 조직의 '새로운 기준선'을 정립하는 것이다.

물론, 한 사람의 실천이 문화로 자리 잡기 위해서는 조직의 뒷받침이 필요하다. 리더는 이러한 개인의 움직임을 눈여겨보고, 실패를 용납하며, 사례로 남겨야 한다. '변화를 이끄는 한 사람'을 제도적으로 발굴하고, 그 행동이 확산될 수 있도록 환경을 조성하는 것이야말로 진짜 리더십이다.

조직의 성장은 탁월한 전략이나 많은 예산만으로 이루어지지 않는다. 때로는 묵묵히 실험을 감행한 한 사람, 말보다 행동을 선택한 한 사람, 조직을 향해 작은 질문을 던진 한 사람의 용기에서 비롯된다.

그 한 사람이 어쩌면 당신일지도 모른다.

❑ Lewin, K. (1947). "Frontiers in Group Dynamics"
Human Relations, 1(1), 5–41.
이 논문에서 레윈은 집단과 조직의 변화를 연구하면서 '해빙(unfreezing)-변화(change)-재동결(refreezing)'이라는 3단계 프로세스를 처음 언급했다.
'사회체계의 안정된 상태'를 바꾸려면 먼저 해빙이 필요하다는 관점이다.

❏ Lewin, K. (1946). "Action Research and Minority Problems", *Journal of Social Issues*, 2(4), 34-46.
행동연구(Action Research) 개념과 함께, 사회·조직 변화에서 '단계적 접근'이 필요하다는 점을 강조한 논문이다.

Toyota Production System: Beyond Large-Scale Production, Ohono Taiichi, Productivity Press, 1988.
타이이치 오노(Taiichi Ohno)는 TPS 개발의 핵심 인물로 널리 인정된다. 이 책은 TPS 철학과 방법론을 직접 설명한 주요 저작이다.

Powerful: Building a Culture of Freedom and Responsibility, Patty McCord, Silicon Guild, 2018.
넷플릭스의 인사 혁신을 직접 기술한 책으로, 맥코드의 실험적 HR 철학과 이를 조직문화로 전환한 과정을 담고 있다.

내부 자산만으로는 혁신할 수 없다

혁신은 기업의 생존과 성장을 좌우하는 핵심 조건이다. 그러나 많은 기업이 여전히 내부 자산만으로 혁신을 이루려 한다. 보유한 기술, 인력, 자본에만 의존해 새로운 시장과 기회를 찾고자 하지만, 결과는 종종 실패로 끝난다. 왜냐하면 내부 자산은 안정적 운영에는 강하지만, 급격히 변하는 외부 환경에 대응하기에는 본질적 한계가 있기 때문이다.

하버드대학의 크리스텐슨(Clayton M.Christensen)은 이를 "혁신의 딜레마"라고 불렀다. 기존의 성공 모델은 기업으로 하여금 과거의 자산과 방식을 붙잡게 만들고, 새로운 흐름을 과소평가하게 한다. 결국 내부 자산만 믿고 혁신을 추진하면, 눈앞의 안정은 지킬 수 있을지 몰라도 미래의 파괴적 변화에는 무력해질 수밖에 없다.

따라서 혁신을 위해서는 내부와 외부의 경계를 허무는 전략이 필요하다. 체스브로(Chesbrough, H.W) 가 말한 "개방형 혁신"이 바로 그것이다. 기업은 더 이상 스스로 모든 것을 발명하려 하지 말고, 외부의 아이디어와 기술을 과감히 받아들여야 한다. 대학, 연구소, 스타트업과의 협력은 내부 자산으로는 불가능한 새로운 자원을 제공한다. 실제로 P&G는 전 세계의 외부 아이디어를 사내 연구와 결합하는 "Connect + Develop" 전략으로 혁신에 성공했다.

또 하나의 방법은 인수합병이다. 내부 개발만으로는 속도가 늦은 신기술은, 이미 앞서 있는 회사를 인수하는 것이 더 빠르다. 이때 중요한 것은 단순한 기술 확보가 아니라, 그 회사의 인재와 문화, 네트워크까지 함께 흡수하는 것이다. 구글이 알파벳 구조로 혁신 조직을 분리하고, 수많은 스타트업을 인수하며 신사업을 확장한 것도 같은 맥락이다.

물론 내부 자산을 전혀 무시할 수는 없다. 오히려 내부 자산은 혁신의 기반이 되어야 한다. 하지만 그것만으로는 충분하지 않다. 사내 벤처 제도나 양손잡이 조직과 같이 내부의 잠재력을 외부와 연결할 수 있는 제도적 장치가 필요하다. 삼성전자의 C-Lab은 내부 인재가 외부 스타트업처럼 도전할 기회를 제공하여, 내부와 외부의 경계를 넘나드는 혁신을 가능하게 했다.

결국 혁신은 내부 자산의 독점적 강화가 아니라, 내부와 외부 자원의 융합에서 나온다. 자원의 경계가 무너질 때, 기업은 비로소 새로운 길을 발견한다. "내부 자산으로 혁신이 어렵다"는 깨달음은 비관이 아니라 출발점이다. 그것은 기업이 외부와 연결될 때만이 지속적 혁신을 이룰 수 있다는 사실을 알려주는 진실이기 때문이다.

❑ *The Innovator's Dilemma: When New Technologies Cause Great Firms to Fail*, Clayton M.

Christensen,Harvard Business School Press, 1997. 이 책에서 혁신의 딜레마는 성공적인 기업이 기존 고객의 니즈에 집중한 나머지, 급진적이고 파괴적인(disruptive) 기술이나 시장 변화에 제대로 대응하지 못해 결국 시장에서 도태될 수 있다는 딜레마를 의미한다. 주요 주장은 다음과 같다.

- 기존 기업은 **성공 공식(success formula)**에 갇혀 새로운 파괴적 혁신(disruptive innovation)에 대응하기 어렵다.
- 초기에는 성능이 낮아 보이는 파괴적 기술이 점차 발전하면서 기존 기술을 대체한다.
- 기존 고객의 수요에만 집중하다 보면, **새로운 시장 기회**를 포착하지 못하게 된다.

Chesbrough, H. W. (2003). *Open Innovation: The New Imperative for Creating and Profiting from Technology.* Harvard Business Press.

P&G의 C+D 오픈 이노베이션 사례

Connect + Develop(C+D) 전략은 P&G가 내부 R&D만으로는 한계에 도달했다고 판단한 뒤 도입한 **오픈 이노베이션(Open Innovation)** 전략이다.

이 전략의 목표는 내부 역량에만 의존하지 않고 **전 세계 외부의 기술, 아이디어, 제품, 인재와 연결(connect)**하여, 이를 **P&G 내부의 제품 개발(develop)**로 이어가는 구조이다.

(www.pgconnectdevelop.com 2025년 10월 5일 검색)

다양성은 생명의 힘이다
– 다름이 공존을 만들고, 공존이 미래를 지킨다

인류의 역사는 '다름'을 어떻게 받아들이느냐의 역사였다. 피부색, 언어, 문화, 가치관의 차이는 때로는 갈등의 원인이 되었고, 때로는 새로운 문명을 낳는 씨앗이 되었다. 과거에는 다양성이 도덕이나 인권의 문제로만 논의되었다면, 오늘날 그것은 생존의 문제이자 조직의 지속 가능성을 좌우하는 전략적 과제가 되었다. 다양성은 더 이상 선언문 속의 미덕이 아니라, 생명과 조직의 회복탄력성을 지탱하는 '운영 원리'로 자리 잡았다.

자연은 이미 다양성의 가치를 증명해왔다. 열대우림은 수천 종의 식물이 서로 다른 방식으로 햇빛을 향해 자란다. 줄기를 타고 오르는 덩굴, 그늘에서도 생존하는 식물, 뿌리로 양분을 나누는 나무들이 함께 살아간다. 이 복잡한 공존의 구조가 숲을 외부 충격에도 무너지지 않게 만든다. 아프리카 사바나 또한 마찬가지다. 사자가 사냥을 하면 하이에나가 잔해를 먹고, 독수리가 남은 뼈를 정리한다. 어느 하나의 종이 사라지면 균형이 깨지고 생태계 전체가 위태로워진다. 다양성은 곧 균형이며, 균형은 생명 유지의 본질적 조건이다.

이 원리는 기업과 사회에도 그대로 적용된다. 구성원이 비슷한 사고방식과 배경을 가진 조직은 효율적일 수는 있지만, 변화와 위기에 취약하다. 반면 서로 다른 경험과 시각을 가진 인재들이 모인 조직은 충돌 속에서 새로운 해법을 찾아낸다. 다양성은 단순한 인적 구성의 차이가 아니라, 문제 해결력과 혁신의 근원이다. 서로 다른 관점이 만나야 새로운 해답이 나온다.

이제 자본시장도 다양성을 '가치 창출의 조건'으로 평가한다. 미국 증권거래위원회(SEC)는 2020년부터 기업의 인적자본 정보 공개를 의무화했으며, ESG 평가기관들은 다양성과 포용성(Diversity & Inclusion)을 핵심 지표로 반영한다. 일본 역시 도쿄증권거래소가 프라임시장 상장기업에 여성 임원 비율, 외국인 인재 비중 등 구체적 공시를 요구하고 있으며, 일본 최대 연기금인 GPIF는 '인적 다양성'을 수익률과 연계된 주요 투자 기준으로 삼고 있다.

글로벌 자산운용사인 블랙록(BlackRock)과 스테이트 스트리트(State Street)는 이사회와 경영진의 다양성 부족을 이유로 주주총회에서 반대표를 던지기도 한다. 이는 다양성이 단지 사회적 올바름(Social Good)이 아니라, '좋은 경영(Good Governance)'의 지표이자 리스크 관리의 핵심 항목으로 인식되고 있음을 보여준다. 즉 다양성은 이제 투자 판단의 기준이며, 생존을 위한 경영 전략이다.

다양성은 불편함을 동반한다. 다른 생각과 관점은 마찰을 일으키고, 그 과정은 종종 혼란스럽다. 그러나 바로 그 불편함 속에서 조직은 성장한다. 다양성은 위기에 대한 면역력이고,

변화에 대한 적응력이며, 새로운 가치를 만들어내는 창의성의 원천이다. 기후위기, 글로벌 갈등, 불평등의 시대에 단일한 시각과 구조는 오히려 위험하다.

식물도, 동물도, 인간도 다르다. 그 다름이 모일 때 생명은 강해지고, 사회는 건강해진다. 다양성은 공존의 토대이자, 지속 가능한 미래를 위한 생명의 언어이다. 기업이든 사회든, 이제는 '같음'이 아니라 '다름을 포용하는 힘'이 경쟁력이다.

다양성은 생명의 힘이다.
그리고 그것은 이제 생태계의 법칙을 넘어,
기업의 전략이자 자본시장의 언어가 되었다.

❏ 미국 SEC Final Rule: Modernization of Regulation S-K Items 101, 103, and 105(2020).
"Item 101(c) requires a principles-based disclosure of human capital resources if material to the business."
(SEC.gov.https://www.sec.gov 2025년 10월 5일 검색)

❏ 일본 Tokyo Stock Exchange "Corporate Governance Code"(2021 revision)
❏ Financial Services Agency "Guidelines for Respecting Human Capital"

- 일본 연기금 GPIF는 ESG **인적 다양성 지표**를 평가 기준으로 반영.
- 2023년부터 METI(경제산업성)는 기업의 **인적자본 가시화 지침**(Human Capital Visualization Guidelines) 발표·공시 표준화 검토.

  (일본증권거래소 그룹 https://www.jpx.co.jp 2025년 10월 5일 검색)

- 우리나라 산업부「K-ESG 가이드라인(2021)」
- 금융위·거래소「기업지배구조보고서 의무 공시 항목」중 일부 인적자본 관련 항목 포함

  (지속가능경영지원센터 https://k-esg.org 2025년 10월 5일 검색)

BlackRock Investment Stewardship – Proxy Voting Guidelines (US)

내용 "We expect companies to have at least **two women directors** on their board. If not, we may vote against the nominating/governance committee chair."

(https://www.blackrock.com/corporate/about-us/investment-stewardship 2025년 10월 5일 검색)

State Street Global Advisors (SSGA)
– Fearless Girl Campaign 기반 정책

정책명: *Guidance on Enhancing Gender Diversity on Boards*

핵심 내용: "We will vote against the Chair of the Nominating Committee at companies that fail to take steps to increase board diversity, especially with **no female directors."**

(https://www.ssga.com/us/en/institutional/ic/capabilities/esg 2025년 10월 5일 검색)

숲을 가꾸기 위해서는 가지치기가 필요하다
- 성장의 본질은 버리는 데 있다

자연은 침묵 속에서도 늘 말을 건넨다. 봄이 오면 가지는 자라고, 여름이면 무성해지고, 가을이면 일부를 떨어뜨리고, 겨울엔 다시 움츠린다. 그 순환의 원리에 인간도, 조직도 예외일 수 없다.

숲을 건강하게 유지하려면 가장 먼저 해야 할 일은 '**가지치기**'다. 겉으로는 풍성해 보이는 가지가 지나치게 많아지면, 햇볕이 나뭇속까지 도달하지 못한다. 바람이 통하지 않아 병충해가 쉽게 퍼지고, 결과적으로 전체 숲의 생명력이 약해진다. **쓸모없는 가지, 방향 없이 뻗은 가지, 병든 가지를 쳐내야 나무 전체가 살아난다.**

이 원칙은 인간 사회에도 그대로 적용된다. 기업 경영, 조직 운영, 개인의 삶에서 가지치기는 필수적인 과정이다. 무조건 '더 많이'가 능사가 아니다. 오히려 덜어내고 비워낼 때 비로소 본질이 드러난다.

가지치기 없는 조직은 병든다

많은 조직이 "우리 조직은 가족 같다"는 말을 한다. 그러나 가족이기 때문에, 오히려 잘라내지 못하고 문제를 방치하기도 한다. 변화하지 않는 인사제도, 실적과 무관한 승진, 역할이 불분명한 부서와 프로젝트는 병든 가지와 같다. 감정적 이유로 방치된 관행과 인력은 결국 조직 전체의 햇빛을 가리는 장애물이 된다.

성과 없는 관행을 버리지 못하고, 방향 잃은 사업을 정리하지 못하며, 기능을 다한 구조를 유지하려는 태도는 조직의 성장을 가로막는다. 나무는 가지를 쳐내면서 더 높이 자란다. 조직도 마찬가지다. 때로는 냉정한 결정이 진정한 배려다.

인재 육성에도 가지치기가 필요하다

사람을 키우는 데에도 가지치기는 중요하다. 무조건적인 확장과 욕심은 오히려 성장의 방향을 잃게 한다. 아이가 스스로 할 수 있는 일을 어른이 대신해 버리면 자립심은 자라지 않는다. 직원에게 명확한 목표 없이 일을 시키거나, 실패의 경험을 모두 회피하게 만들면 책임감과 실행력은 자라지 않는다.

무엇을 더 줄 것인가가 아닌, 무엇을 덜어줄 것인가를 고민할 때 진정한 성장의 기반이 마련된다. 진짜 교육은 채움이 아니라, 비움의 과정이다.

잘라내야 살 수 있다

자연의 질서는 단순하다. 살아남는 나무는 스스로 가지를 치고, 숲은 그 가지를 비바람과 햇살로 단련시킨다. 인간 사회도 마찬가지다. **불필요한 것을 덜어내는 용기, 익숙한 것을 끊어내는 결단, 감정에 휘둘리지 않는 원칙이** 있을 때, 비로소 진짜 성장과 혁신이 시작된다.

'숲을 가꾸기 위해서는 가지치기가 필요하다'는 말은 냉정한 절단이 아니라, 더 큰 생명력을 위한 통찰이다. 우리는 지금, 어떤 가지를 쳐내야 할 것인가?

❏ 좋은 기업을 넘어 위대한 기업으로『Good to Great』, Jim Collins, 김영사, 2022년

"First who, then what" 원칙과 함께 적절하지 않은 사람을 버스에서 내려야 한다는 논지에서 *가지치기형 인재관리*를 강조함.

"그래요. 나는 우리가 이 버스를 어디로 몰고 가야 할지 정말 모릅니다. 하지만 이건 웬만큼 압니다. 우리가 적합한 사람들을 버스에 태운다면, 적합한 사람들을 적합한 자리에 앉히고 부적합한 사람들을 버스에서 내리게 한다면, 이 버스를 어딘가 멋진 곳으로 몰고 갈 방법을 알게 되리라는 겁니다."(p.77)

◎ 사장은 사람을 어떻게 볼 것인가?
– 숫자가 아닌 존재로, 수단이 아닌 주체로

"좋은 사장이란 어떤 사람인가"라는 질문을 받을 때, 대부분은 전략적 안목, 결단력, 책임감 같은 능력을 떠올린다. 그러나 정작 기업의 성패를 가르는 것은 사장이 **사람을 어떻게 보는가**, 다시 말해 '인간에 대한 관점'에서 비롯되는 경우가 많다.

사장이 직원을 **비용으로 볼 것인가, 자산으로 볼 것인가,** 단순한 **수단으로 볼 것인가, 목적의 주체로 볼 것인가**에 따라 조직의 방향은 전혀 달라진다.

사람을 '부품'으로 보면 조직은 마모된다

기계처럼 사람을 보는 사장은 효율과 생산성만 강조한다. 감정 없는 시스템 안에서 사람은 '코스트 센터'이며, 숫자로만 평가된다. 일은 빠를 수 있지만, 조직은 차갑고, 사람은 쉽게 지친다. 이 경우, 직원은 회사의 성장을 *'나의 성장'*과 분리된 것으로 인식하고, 자발성과 책임감은 떨어지게 된다.

사람을 '관계'로 보면 조직은 살아난다

반대로 사람을 관계의 축으로 보는 사장은 다르다. 능력 이전에 태도와 가능성, 맥락을 본다. 단기 실적보다 장기 신뢰를 중시하고, 조직보다 개인이 먼저 성장할 수 있는 환경을 만든다.

넷플릭스의 공동 창업자 리드 헤이스팅스(Reed Hastings)는 "탁월한 동료와 일하게 하는 것이 최고의 복지"라며, **인재를 자율적이고 책임 있는 주체로 대하는 문화를 선택했다.** 이는 숫자보다 '사람을 믿는 시선'이 있었기에 가능했다.

위기일수록 사람을 다시 본다

경영이 어렵고 조직이 흔들릴수록 사장의 사람 보는 눈은 더욱 중요해진다. 위기 상황에서 사장이 누구를 곁에 두고, 누구에게 의지하며, 어떤 사람을 믿는지를 보면 **그 조직의 생존 가능성을 짐작할 수 있다.**

진짜 리더는 위기 속에서도 숨은 인재를 발견하고, 잠재력을 믿고 기회를 준다. 반면, 단기적 성과만 좇는 리더는 인재를 소비하고 버린다. 성장 가능성은 조직이 아닌 '사장의 시선'에서 시작된다.

결론: 사람을 보는 눈이 곧 기업의 미래다

사장은 누구보다 먼저 사람을 보고, 누구보다 멀리 사람을 봐야 한다.

이때 사람을 **자원(Resource)**으로만 보면 언젠가 고갈되지만, **관계(Relationship)**로 보면 끊임없이 연결된다. 그리고 사람을 **기술보다 앞선 성장의 원천**으로 인식하는 순간, 조직은 온기를 얻고, 에너지를 갖게 된다.

사장이 사람을 보는 방식이, 결국 그 회사가 세상을 대하는 방식이 된다.

숫자만 보는 눈으로는 성과는 낼 수 있을지 몰라도, 사람을 보는 눈이 없다면 지속가능성은 담보할 수 없다.

사장은 사람을 '이익을 내는 존재'로 보기 전에, 먼저 '함께 걷는 존재'로 볼 수 있어야 한다.

❏ 매니지먼트. 피터 드러커 저, 남상진 번역, 청림출판, 2007년.
사람이야말로 최대의 자산이라고 한다. '조직의 차이는 결국 사람이 하고 있는 일에서 생겨난다'는 말도 있다. … 매니지먼트의 기존 접근 방식을 살펴보면 대개 사람을 자원으로서가 아니라 문제, 잡일, 비용, 위협으로 취급하는 편이다. 사람을 자산으로서 재무제표에 계상해야 한다는 제안이 등장한 배경에는 이러한 인식이 있다. … 이 제안은 충분히 고려할 만한 가치가 있다.(p.109)

썩은 사과의 법칙
- 한 사람의 부정이 전체를 무너뜨린다

조직의 문제를 이야기할 때 종종 등장하는 비유가 있다. "한 개의 썩은 사과가 상자 안의 모든 사과를 썩게 만든다." 이 단순한 자연 현상은 심리학, 사회학, 경영학 모두에서 실증된 원칙이다. 조직이 결코 가볍게 넘겨서는 안 될 경고이기도 하다.

이른바 '썩은 사과의 법칙(Bad Apple Rule)'은 한 사람의 부정적 행동이 공동체 전체에 미치는 파괴적 영향을 말한다. 개인의 일탈이 무관심 속에서 방치되면, 그것은 곧 '허용된 문화'가 되고, 결국 집단 전체의 기준을 무너뜨린다. 조직의 분위기와 성과는 결국 구성원의 태도의 총합이며, 그 안의 작은 균열이 전체를 무너뜨릴 수 있다.

미국의 기업 심리학자 윌 펠프스(Will Felps)는 2006년 노스캐롤라이나대 실험에서 이 원리를 입증했다. 그는 학생들을 여러 팀으로 나누어 문제 해결 과제를 주었고, 각 팀에 의도적으로 부정적 행동을 하는 사람을 한 명씩 투입했다. 그 '썩은 사과'는 자만형(거만하고 타인을 무시), 게으름형(소극적 태도), 부정형(회의 중 지속적 반대)으로 설정되었다. 결과는 명확했다. 단 한 명의 부정적 인물이 팀의 전체 성과를 무너뜨렸고, 다른 구성원들의 사기와 몰입도까지 떨어뜨렸다. 한 사람의 태도가 전체의 결과를 결정지은 것이다.

그러나 진짜 문제는 썩은 사과 그 자체가 아니라, 그것을 방치하는 조직의 태도다. "사람이 없어서 어쩔 수 없다", "실적이 좋으니 봐준다", "원래 성격이 그렇다"는 이유로 외면하는 순간, 조직은 썩기 시작한다. 심지어 그런 사람이 승진하거나 우대받는다면, 조직은 비정상을 학습하게 된다. 그때부터 기준은 능력이 아니라 눈치, 진실이 아니라 줄서기, 정직함이 아니라 교활함으로 바뀐다.

건강한 조직은 문제가 없는 조직이 아니라, 문제가 생겼을 때 제때 대응하는 조직이다. 사람의 실수는 품을 수 있지만, 문화를 오염시키는 행동은 품어서는 안 된다. 기준을 명확히 세우고, 그 기준을 일관되게 적용할 때 조직은 스스로를 정화할 수 있다. 이것이 바로 '면역력 있는 조직'이다.

결국 썩은 사과는 어느 날 갑자기 생기는 것이 아니다. 리더가 경고를 미루고, 구성원이 침묵하며, 시스템이 모른 척할 때 만들어진다. 무관심은 방조이고, 용인은 조장이다. 한 사람의 부정이 조직을 병들게 한다면, 한 사람의 올곧은 태도 또한 조직을 되살릴 수 있다. 우리는 모두 서로의 사과 상자 안에 있다. 그 상자가 썩을지, 빛날지는 결국 우리가 썩은 사과를 어떻게 다루느냐에 달려 있다.

❏ 당신과 조직을 미치게 만드는 썩은 사과, 미첼 쿠지, 엘리자베스 홀로웨이 저, 서종기 번역, 예문, 2011년.

필자는 썩은 사과와 관련, 보다 깊이 있는 연구를 위해 포춘지 선정 500대 기업에 근무하는 리더 400명에게 설문 및 인터뷰 조사를 실시했다. 그 결과 응답자의 64%가 현재 썩은 사과와 함께 일하고 있으며, 무려 94%의 사람들이 그런 인물과 일해본 적이 있다고 답했다.-1장 '썩은 사과는 반드시 손실을 가져온다' 中

How, When, and Why Bad Apples Spoil the Barrel: Negative Group Members and Dysfunctional Groups, : Will Felps, Terence R. Mitchell, Eliza Byington, *Research in Organizational Behavior*, Vol. 27, 2006, pp.175-222.

윌 펠프스는 학생 4명으로 구성된 40개 팀에 세 가지 유형의 '문제 인물(bad apple)'을 투입하여 팀 퍼포먼스를 측정하는 실험을 수행했다. 이 인물은 세 가지 유형으로 나뉜다:

- **자만형(The Jerk)**: 거만하고 다른 팀원을 무시함.
- **게으름형(The Slacker)**: 노력하지 않거나 임무를 방기함.
- **부정형(The Depressive Pessimist)**: 모든 의견에 부정적이며 의욕을 꺾음.

➡ 결과적으로, 단 한 명의 부정적 구성원이 팀 전체의 성과를 30~40%까지 저하시켰으며, 나머지 팀원들까지 **감정적으로 침체되고 무기력해졌다.**

적합한 사람이 자산이다
– 역량보다 더 중요한 '적합성의 가치'

조직에서 사람은 가장 큰 자산이라 말한다. 그러나 모든 사람이 자산이 되는 것은 아니다. 진정한 자산은 그 자리에 '적합한 사람'이다. 아무리 능력이 뛰어나더라도 조직의 문화, 가치, 목적과 맞지 않는다면 그 사람은 자산이 아니라 때로는 부담이 된다. 반대로, 역량이 조금 부족하더라도 조직의 철학에 공감하고, 구성원들과 조화를 이루는 사람은 시간이 지나며 가장 큰 성과를 만든다.

현장에서 자주 마주하는 어려움은 '유능한데 조직에 해가 되는 사람'이다. 실적은 탁월하지만 동료를 무시하고 팀워크를 해치거나, 기술은 뛰어나지만 조직의 규범과 가치를 무시하는 사람. 이런 인재는 단기적으로는 성과를 올릴 수 있다. 그러나 조직은 숫자의 합이 아니라 관계의 집합체다. 한 사람의 부적합한 태도는 곧 문화의 균열을 만들고, 그 틈은 곧 조직 전체로 번진다. 결국 실력보다 중요한 것은 '얼마나 잘 맞는가'이다.

이제 글로벌 기업들이 사람을 평가할 때 중시하는 기준은 단순한 '스펙'이 아니다. 구글은 "아무리 똑똑해도 예의 없는 사람은 뽑지 않는다(No brilliant jerks allowed)"는 원칙을 고수한다. 아마존은 '리더십 원칙(Leadership Principles)'을 통해, 지원자가 회사의 가치관과 얼마나 일치하는지를 세밀하게 본다. 스타트업이든 대기업이든, '적합성(Fit)'은 이제 역량을 넘어선 새로운 자산의 기준이 되었다.

조직이 사람을 단지 '쓴다'고 생각하면 효율만을 추구하게 된다. 그러나 사람을 '같이 간다'고 본다면 지속가능성을 보게 된다. 적합한 사람은 단순히 일을 잘하는 것을 넘어, 함께 성장하고 위기를 함께 견디는 동반자가 된다. 가치의 방향이 같고, 배움과 성장의 리듬이 맞는 사람이 모일 때 조직은 강해진다.

결국 채용은 '맞춤형 투자'다. 단기적 인력 충원이 아니라, 조직의 내일을 설계하는 행위다. 가장 위험한 채용은 '유능하지만 맞지 않는 사람'을 뽑는 것이며, 가장 현명한 채용은 '조직에 맞는 사람'을 찾아내는 것이다. 역량은 교육으로 키울 수 있지만, 태도와 가치관의 결은 쉽게 바뀌지 않는다.

조직을 성장시키는 사람은 뛰어난 사람이 아니라, 적합한 사람이다. 그가 조직의 문화와 방향에 조화를 이루며 함께 걸을 때, 사람은 진정한 자산이 된다. 결국 조직의 지속 가능성은 '얼마나 똑똑한 사람을 모았는가'가 아니라, '얼마나 잘 맞는 사람을 함께하게 했는가'에 달려 있다.

❑ 좋은 기업을 넘어 위대한 기업으로『Good to Great』.
   Jim Collins, 김영사, 2022년.
"사람이 가장 중요한 자산"이라는 옛 격언은 틀렸다. 사람이 가장 중요한 자산이 아니다. **적합한 사람이 가장 중요한 자산**이다.

급여는 사람을 데려오고, 사명은 사람을 남긴다
- 보상은 입사를 결정하게 하고, 의미는 잔류를 결정하게 한다

조직은 사람으로 움직인다. 그러나 모든 사람이 같은 이유로 움직이지는 않는다. 누군가는 급여를 위해, 누군가는 인정받기 위해, 또 누군가는 사명감을 위해 일한다. 이 중 무엇이 가장 오래가고 강력한 동력인가? 바로 '사명(Mission)'이다. 급여는 사람을 데려올 수 있지만, 사명만이 사람을 남긴다.

급여는 계약의 시작점이다. 연봉 테이블, 복지제도, 근무환경 등은 입사 결정에 직접적인 영향을 준다. 기업이 경쟁력 있는 보상체계를 마련하는 것은 중요하다. 하지만 조직이 진정으로 고민해야 할 것은 '입사 이후의 여정'이다. 사람은 단순히 생계를 위해서만 일하지 않는다. "이 일이 왜 중요한가?", "이 조직이 세상에 어떤 의미를 가지는가?"라는 질문에 공감할 때 비로소 지속 가능한 헌신이 가능하다. 급여로 입사한 사람은 더 좋은 급여 조건을 만나면 언제든 떠날 수 있다. 그러나 사명으로 일하는 사람은 조직의 방향성과 함께 성장한다.

많은 기업들이 인재 유출의 원인을 '보상 경쟁력 부족'에서 찾는다. 하지만 현실의 많은 퇴사 사유는 '의미의 결핍'이다. 입사할 때는 연봉을 보고 들어오지만, 떠날 때는 가치가 맞지 않아 나간다. "좋은 조건"은 입사의 이유가 되지만, "내 일이

무슨 의미가 있느냐"는 잔류의 이유가 된다. 이 괴리를 해소하지 못하면, 아무리 높은 급여를 제시해도 조직의 중심은 흔들린다.

사명은 조직의 나침반이다. 의료 현장에서 환자의 생명을 살리는 간호사, 척박한 환경에서 농업 혁신을 시도하는 연구자, 사회적 약자를 돕는 공공기관의 직원들처럼, 이들의 동력은 급여가 아니라 '기여의 의미'이다. 사명은 단순한 문구가 아니라, 직원의 내면에서 스스로 행동을 이끌어내는 에너지다. 그것은 지시보다 강하고, 인센티브보다 오래 간다.

리더의 역할은 이 사명을 '언어화'하고 '생활화'하는 것이다. 조직의 존재 이유가 명확히 말해지고, 그 사명이 실제 정책과 문화 속에 녹아들 때, 구성원은 스스로 '주인'이 된다. 급여가 아니라 '이 일의 이유'가 머무름을 결정한다. MZ세대는 특히 돈보다 의미를 중시한다. 그들에게 조직은 단순한 고용관계가 아니라, 자신의 정체성과 가치가 반영된 공간이 되어야 한다.

결국 남는 사람은 보상 때문이 아니라 이유 때문이다. 좋은 급여는 입사의 문을 열지만, 사명은 마음의 문을 연다. 급여는 계약을 맺게 하지만, 사명은 관계를 맺게 한다. 조직이 사람을 붙잡고 싶다면, "얼마를 줄 것인가"보다 "왜 함께해야 하는가"를 말해야 한다.

"급여는 사람을 데려오고, 사명은 사람을 남긴다."
이 문장은 단순한 구호가 아니라, 리더십의 핵심이자 경영의 본질이다.

지금 당신의 조직은 어떤 말로 사람을 붙잡고 있는가?

❏ 드라이브, 다니엘 핑크 저, 김주환 번역, 청림출판, 2011년.
다니엘 핑크는 외재적 보상(당근과 채찍)보다 **자율성, 숙련도, 목적**이라는 세 가지 내적 동기 요소가 전문가의 창의성과 성과를 높인다고 주장한다. 이 세 가지 요소는 스스로 일을 결정하고(자율성), 그 일을 잘 해내고 성장하는 것에 기쁨을 느끼며(숙련도), 더 큰 의미를 발견할 때(목적) 진정한 동기가 부여된다는 것이 핵심이다.

제2장

통찰: 리더의 시선

리더십은 결국 '보는 힘'에서 출발한다. 관찰-성찰-통찰의 사고 흐름을 통해 리더는 불완전한 정보 속에서도 본질을 꿰뚫고 방향을 제시해야 한다. '부족한 정보로 판단하는 통찰'은 단순한 감이 아니라, 경험과 맥락 이해에서 비롯된 고도의 지성이다. 이는 직관이 아니라 축적된 패턴 인식의 산물이다.

경영자는 수많은 의사결정 순간마다 전략적 '판단'을 내려야 하며, 이 판단은 숫자나 보고서 너머의 흐름과 사람을 읽는 통합적 감각에서 비롯된다. 기술 또한 그 자체로는 무의미하며, 고객 문제를 해결하는 전략으로 전환될 때 진정한 가치가 발현된다. 애플, 넷플릭스, 현대자동차 등은 기술을 '쓰임'으로 재해석한 전략적 경영의 사례다.

또한 속도보다 중요한 것은 방향이다. "사슴을 쫓는 자는 산을 보지 못한다"는 말처럼, 단기 목표에 몰입할수록 장기적 전략을 잃기 쉽다. 항해술이 현재 위치 파악에서 시작되듯, 리더는 늘 조직의 현주소를 냉정히 인식하고, '어디로'가 아니라 '지금 어디'에 있는지를 물어야 한다.

마지막으로 고전의 지혜인 '견시관찰(見視觀察), 대관소찰(大觀小察)'은 리더에게 크고 깊게 보는 통찰의 균형을 요구한다. 전략과 실행, 전체와 디테일을 함께 읽을 수 있는 시야가 곧 리더십의 본질이다.

> 목 차
>
> ❖ 부족한 정보로 판단하는 것이 통찰이다
> ❖ 보는 힘의 3단계 - 관찰, 성찰, 통찰
> ❖ 보는 것이 경영이다
> ❖ 사슴을 쫓는 자는 산을 보지 못한다
> ❖ 항해술의 시작은 자기 위치 파악이다
> ❖ 견시관찰, 대관소찰
> ❖ 리더란 전체를 볼 수 있는 사람이다
> ❖ 시선의 높이가 삶의 높이다

부족한 정보로 판단하는 것이 통찰이다

- 불확실성 속에서 결정을 내리는 리더의 직관

오늘날 우리는 '정보의 홍수' 속에 살아간다. 수많은 데이터와 보고서, 알고리즘이 결정을 도와준다. 마치 정보를 더 많이 쌓을수록 정답에 가까워질 것처럼 보인다. 그러나 역설적으로, 진짜 중요한 결정은 정보가 부족할 때 내려야 할 때가 많다.

실제로 조직의 미래를 바꾸는 결정들―신사업 진출, 인재 채용, 인수합병, 조직 개편―은 완전한 정보 없이, 애매함 속에서 직관과 통찰을 바탕으로 이루어진다. 이때 필요한 것은 논리가 아니라 '통찰(insight)', 즉 불확실한 상황에서 본질을 꿰뚫는 눈이다.

모든 정보가 갖춰질 때까지 기다리는 자는 결코 움직이지 못한다

정보를 완벽히 갖춘 뒤에야 결정을 내리는 사람은, 결국 아무것도 하지 못한다. 비즈니스 세계는 마치 짙은 안개 속을 걷는 것과 같다. 100미터 앞이 보이지 않을 때, 발밑 3미터만 확인하고도 내딛는 용기, 바로 그것이 통찰이다.

스티브 잡스(Steven Paul Jobs)는 아이폰 개발 당시 "이 기술이 성공할지 확신할 수 있는가?"라는 질문에 "아니다, 하지만 우리는 이 방향이 옳다고 '느낀다'"고 답했다. 그 느낀다는 감각이 바로 통찰이고, 혁신은 항상 그 자리에서 시작된다.

통찰은 단순한 '감'이 아니다

오해하지 말아야 할 것은, 통찰이 단순한 직감이나 감정적 반응은 아니라는 점이다. 통찰은 경험, 학습, 패턴 인식, 본질에 대한 이해가 축적된 지혜의 결정체다. 정보가 없을 때, 감에 기대는 것이 아니라 본질을 파악하고, 흐름을 읽고, 다음 한 수를 내다보는 힘이다.

위대한 리더는 항상 부족한 정보 속에서도 방향을 제시한다. 그리고 뒤늦게 데이터가 그것을 증명한다.

통찰이 필요한 순간, 리더는 결정한다

실무자는 정보가 쌓일 때까지 기다릴 수 있다. 그러나 리더는 그렇지 않다. 결정은 누군가가 해야 하고, 그 책임은 결국 리더의 몫이다. 그래서 통찰은 리더십의 핵심 역량이다.

통찰은 '정보가 없음에도 결정하는 용기', '예측이 어려움에도 책임지는 태도', '불완전함 속에서 최선의 의미를 찾는 지성'이다.

결론: 정보가 아닌 본질을 보는 눈이 필요하다

많은 사람들이 "조금 더 알아보고 결정하자"고 말한다. 물론 중요하다. 그러나 언제나 완벽한 정보는 오지 않는다. 모든 것을 알 수 없기에, 우리는 결국 "어디를 볼 것인가"가 아니라 "무엇을 볼 것인가"를 물어야 한다.

부족한 정보로 판단하는 것이 통찰이다.
불확실성은 결정을 미루는 이유가 아니라, **통찰이 필요한 바로 그 이유다.**

- ❏ *Steve Jobs,* Walter Isaacson, Simon& Schuster, 2011.
  - 잡스의 일대기를 다룬 공식 전기로, 잡스의 사고 방식과 결단 과정을 상세히 묘사
  - 직감, 리스크 감수, 혁신 중심 사고 등이 자주 언급됨
- ❏ 잡스의 공개 연설, 인터뷰, 내부 회의 기록 등

보는 힘의 3단계 - 관찰, 성찰, 통찰
- 보는 것에서 돌아보는 것, 그리고 꿰뚫는 것까지

우리는 매일 바쁘게 살아간다. 쏟아지는 정보, 빠르게 변하는 시장, 촘촘하게 짜인 일정 속에서 수많은 결정을 내린다. 하지만 그 결정들이 언제나 옳은 방향을 향하고 있는가를 자문하면, 쉽게 고개를 끄덕이기 어렵다. 이유는 단순하다. 판단력의 부족이 아니라 '보는 힘'의 부족 때문이다. 잘 보고, 깊이 돌아보고, 넓게 꿰뚫어보는 사람만이 본질에 도달할 수 있다. 이것이 바로 관찰, 성찰, 통찰의 세 단계를 거치는 사고의 여정이다.

관찰은 세상을 제대로 보는 힘이다. 우리는 종종 '본다'고 말하지만, 사실은 '보지 않는다.' 눈앞의 현상에 익숙해지고, 보고 싶은 것만 본다. 진정한 관찰은 단순한 시각의 행위가 아니라 의도를 가진 주목의 기술이다. 변화의 조짐은 언제나 작은 곳에서 시작된다. 탁월한 리더는 누구보다 먼저 그 미세한 떨림을 감지한다. 관찰이란 세상의 표면에서 의미를 발견하는 행위이며, 이는 모든 판단의 출발점이 된다.

성찰은 관찰의 방향을 바깥에서 안으로 돌리는 일이다. 무언가 잘못되었을 때 남을 탓하기 전에, "나는 제대로 보고 있었는가?", "내 판단은 합당했는가?"를 스스로에게 묻는 과정이다. 이 질문은 불편하다. 자신의 한계와 오류를 마주해야 하기 때문이다. 그러나 성찰 없는 리더는 같은 실수를 반복하고, 성찰 없는 조직은 자기 착각 속에 머무른다. 성찰은 성장의 고통이지만 동시에 회복의 출발점이다. 자신을 돌아볼 줄 아는 용기에서 리더십의 품격이 만들어진다.

통찰은 관찰과 성찰을 통과한 끝에 도달하는 깨달음이다. 현상 그 자체가 아니라 그 안의 구조와 원인, 맥락을 꿰뚫는 눈이다. 성공한 리더들은 정보를 보지 않는다. 그들은 의미를 본다. 숫자 뒤의 사람을 보고, 현상 뒤의 이유를 읽는다. 통찰은 지식의 양이 아니라 사유의 깊이에서 비롯된다. 통찰이 있는 조직은 위기를 먼저 감지하고, 가능성을 먼저 포착하며, 기회를 먼저 만든다.

경영은 결국 '보는 일'의 연속이다. 어떤 사업에 투자할 것인가, 어떤 사람을 승진시킬 것인가, 어떤 방향으로 나아갈 것인가. 모든 결정은 '무엇을 보느냐'에서 시작된다. 그래서 경영자는 누구보다 잘 봐야 하는 사람이다. 숫자보다 현상을, 보고서보다 사람을, 단기보다 흐름을 읽는 눈이 필요하다. 재무제표의 숫자는 결과일 뿐 원인이 아니다. 진정한 경영자는 그 숫자 뒤의 맥락을 읽고, 성장의 이유와 지속 가능성을 본다.

탁월한 리더는 사람의 스펙보다 태도와 가능성을 본다. 지금 잘하는 사람보다, 앞으로 더 커질 사람을 알아본다. 그는 시장의 흐름을 읽고, 변화의 타이밍을 감지한다. 위기는 갑자기 오는 것처럼 보이지만, 사실 그 그림자는 언제나 먼저 다가온다. 미묘한 변화의 기류를 읽는 감각이야말로 통찰의 완성이다.

경영은 기술이 아니라 시선의 문제다. 관찰은 세상을 보고, 성찰은 나를 보고, 통찰은 본질을 본다. 이 세 가지가 선순환을 이루는 사람만이 제대로 된 결정을 내린다. 잘 보면 길이 보이고, 잘못 보면 길을 잃는다. 경영의 본질은 얼마나, 어디를, 어떻게 보는가에 있다. 세상을 바꾸는 것은 실행이 아니라 보는 힘이다.

❑ 국립국어원 표준국어대사전
관찰(觀察): 사물이나 현상을 주의하여 자세히 살펴봄
성찰(省察): 자기의 마음을 반성하고 살핌
통찰(洞察): 예리한 관찰력으로 사물을 꿰뚫어 봄

보는 것이 경영이다
- 숫자 너머를 보고, 사람 사이를 보고, 미래 흐름을 읽는 눈

경영은 복잡한 수학이 아니라, 날카로운 시선에서 시작된다. 어떤 사업에 투자할지, 어떤 사람을 리더로 세울지, 어디에 자원을 집중할지—이 모든 판단은 결국 무엇을 어떻게 보느냐에 달려 있다. 경영자는 누구보다 잘 보아야 하는 사람이다. 잘 본다는 것은 단지 '보이는 것을 보는 것'이 아니라, 보이지 않는 의미와 맥락을 꿰뚫는 것이다.

숫자 너머의 맥락을 보는 경영자

재무제표는 결과이지 원인이 아니다. 경영자는 숫자의 표면에서 멈추지 않는다. 이익이 늘어난 이유, 그 성장이 일시적인지 지속 가능한지, 그 이면에 어떤 현장 변화가 있는지를 읽어야 한다.

보고서에 나오지 않는 신호, 숫자 뒤에 숨은 경고, 흐름이 말해주는 시장의 감각을 먼저 포착할 수 있을 때 경영자는 한 걸음 앞서간다. '잘 보는 경영'은 데이터를 읽는 것이 아니라, 그 데이터를 만든 배경을 이해하는 것이다.

사람의 가능성을 보는 눈

탁월한 경영자는 현재의 성과보다 미래의 가능성을 본다. 스펙이 아니라 태도, 결과가 아니라 성장 곡선을 본다. 지금의 실적보다 앞으로의 협업 가능성, 혼자만 잘하는 인재보다 함께 잘할 수 있는 인재를 알아본다.

이는 단순한 HR의 일이 아니다. 사람을 보는 안목 자체가 기업의 생존 전략이며 미래 예측 도구다. 조직의 공기를 감지하고, 한 사람의 변화가 팀 전체에 미치는 파급 효과를 읽는 감각이야말로 진정한 리더십의 시선이다.

흐름을 읽고, 타이밍을 감지하는 감각

경영은 타이밍의 예술이다. 기회는 언제나 미리 그림자를 드리운다. 문제는 그것을 먼저 알아보는 눈이 있느냐다.

위기는 갑자기 닥치는 듯 보이지만, 그 전조는 분명히 존재한다. 변화는 조용히 시작되지만, 제대로 보는 사람에게는 충분히 크게 들린다.

성공하는 기업은 새로운 기술보다 변화의 징후를 감지하는 조직문화를 가진다. 실패하는 조직은 이미 변한 현실을 보지 못한 채 과거의 방식에 갇힌다.

결론: 경영은 결국 '보는 싸움'이다

결국, 경영은 판단의 연속이고, 판단은 '무엇을 얼마나 잘 보았는가'에 의해 결정된다.

잘 보는 사람은 단기 성과가 아닌 장기 생존을, 한 명의 성과가 아닌 조직의 기류를, 현재가 아닌 미래를 본다.

경영의 본질은 복잡한 전략서나 화려한 프레젠테이션이 아니라, 한 사람의 날카롭고 깊이 있는 시선과 통찰력에 있다.

잘 보면 길이 보이고, 보지 못하면 길을 잃는다.
경영은 결국, 어디를 어떻게 보느냐의 싸움이다.

- 『논어』 공야장(公冶長) 편,
  "시기언야(視其言也) 이관기행야(而觀其行也)"
  "그 말(言)을 보고, 그 행실(行)을 관찰하라."
  공자는 『논어(論語)』를 통해 인물을 판단하거나 상황을
  바라볼 때, 단순히 보이는 외면이 아닌 행동·의도·맥락을
  읽어내는 '깊은 관찰력'을 강조하였다

- 『맹자』 이루상(離婁上)편,
  "시기소호야(視其所好也), 이지인야(以知人也)"
  "그가 좋아하는 것을 보면, 그 사람을 알 수 있다."
  맹자는 인간의 본성(性善說)을 전제하면서도, 사람의
  진심은 겉으로 드러난 태도보다는 그가 무엇을 좋아하고,
  어떤 상황에서 어떻게 행동하는지를 보면 알 수 있다고
  보았다.

🦌 사슴을 쫓는 자는 산을 보지 못한다
- 목표에 매몰될 때, 우리는 방향을 잃는다

"사슴을 쫓는 자는 산을 보지 못한다." 이는 단순한 수렵의 교훈이 아니다. 무언가에 몰두한 나머지 더 크고 중요한 배경, 즉 전체 지형과 방향을 놓치게 되는 인간 심리와 조직 행태에 대한 비유다.

우리는 살아가며 무수한 사슴을 쫓는다. 성과 목표, 숫자, 실적, 고객 확보, 빠른 성장.

그러나 그 사슴만 보다가 어디로 가고 있는지, 지금 이 길이 맞는 길인지는 잊기 쉽다.

사슴만 보는 리더, 산을 놓치는 조직

한때 잘나가던 기업이 하루아침에 추락하는 이유는 단지 경쟁자 때문이 아니다.

자신이 어디를 향해 달려가고 있는지 보지 못한 채, 눈앞의 실적과 숫자에 매몰되었기 때문이다.

- 과도한 단기 성과 지향,
- 일시적 유행 추종,
- 현장의 경고를 무시한 채 '성과만 나면 된다'는 문화.

이러한 조직은 결국 숲을 잃고, 길을 잃고, 방향을 잃는다.

집중은 필요하지만, 고립은 위험하다

물론 어떤 사슴은 반드시 잡아야 한다. 신제품 출시, 계약 체결, 위기 돌파 같은 명확한 목표가 있을 수 있다. 하지만 그 목표가 전략 전체를 집어삼킬 정도로 과도해지면, 조직은 **방향이 아닌 속도**, **전체가 아닌 단편**, **지속성보다 즉효성**만을 쫓게 된다.

목표 지향과 방향 감각은 함께 가야 한다.

사슴을 쫓더라도 **산을 잊지 않는 자**만이 다음 계절을 준비할 수 있다.

산을 보는 경영자의 눈

진정한 리더는 사슴보다 산을 본다. 지금 이 목표가 **장기 전략과 일치하는가**, 지나친 집중이 **다른 가능성을 막고 있지는 않은가**, 조직 구성원 전체가 **같은 방향을 향해 달리고 있는가**를 항상 점검한다.

리더에게 필요한 것은 **실적 뒤의 구조를 보는 눈**, 숫자 뒤의 **사람의 흐름을 읽는 감각**, 그리고 순간적인 쾌속보다 **지속 가능한 항로를 설정하는 통찰**이다.

결론: 사슴은 잡되, 산은 잊지 말아야 한다

사슴을 잡는 데 성공해도, 산을 잊은 자는 결국 길을 잃는다. 사슴은 목표이고, 산은 맥락이다. 지나친 몰입은 때로 무지가 되고, 속도는 방향을 왜곡한다.

지금 우리는 어떤 사슴을 쫓고 있는가?

그리고 그 사슴은 우리가 가야 할 산의 어디쯤인가?

이 질문을 놓치지 않는 자만이

사슴도 잡고, 산도 오르는 경영자가 된다.

❏ 《회남자(淮南子)》, 유안 저, 최영갑 번역, 풀빛, 2014.
「설림훈(說林訓)」 편, 「축록자불견산」(逐鹿者不見山)
축록자 불견산(逐鹿者 不見山)"은 "사슴을 쫓는 자는 산(큰 것)을 보지 못한다"는 뜻으로, **작은 욕심이나 목표에 집착하면 본질이나 더 중요한 것을 놓친다는** 의미로 쓰인다

항해술의 시작은 자기 위치 파악이다
- 어디로 가야 할지를 고민하기 전에, 나는 지금 어디에 있는가

모든 항해는 목적지를 향한 여정이다. 그러나 어떤 항해도 출발점이 불명확하면 경로는 흔들리고, 도착지는 어긋난다. 아무리 정교한 지도와 최신 GPS가 있더라도, 항해자가 먼저 해야 할 일은 **'현재 자신의 위치를 확인하는 것'**이다. "항해술의 시작은 자기 위치 파악이다." 이 말은 단순한 항법의 원리가 아니라, **경영의 본질이자 인생 전략의 출발점**이다.

위치를 모르면 방향도 없다

조직이든 개인이든, 지금 어디에 있는지를 모르면 어디로 가야 할지도 알 수 없다.

- 나의 경쟁력은 어느 수준에 있는가?
- 우리 조직은 산업의 어떤 좌표에 위치해 있는가?
- 나는 지금 성장 곡선의 어디쯤에 서 있는가?
  이 질문에 답하지 못한 채 세운 계획은 전략이 아니라 환상에 불과하다. 정확한 자기 진단이 없는 목표는 현실 위가 아닌 공중에 그린 지도다. 방향을 잡으려면 나침반보다 먼저 현재의 위치를 파악해야 한다. **위치 인식이 없는 비전은 착각이고, 착각 위의 실행은 실패로 이어진다.**

문제는 목적이 아니라 현실 인식이다

많은 기업이 위기에 빠지는 이유는 비전이 없어서가 아니라, 현실을 잘못 인식했기 때문이다. 이기는 전략을 쓴다고 믿었지만 이미 진영이 무너지고 있었고, 인재가 충분하다고 생각했지만 현장은 피로에 지쳐 있었다. 성장 중이라고 확신했지만, 시장의 흐름은 이미 반대 방향으로 움직이고 있었다.

냉정한 현실 인식은 때로는 불편하고 아프다. 그러나 정확한 위치 파악이 없다면 회복도, 전진도 불가능하다. **현실을 외면한 전략은 지도 위에서만 존재하고, 현실을 직시한 전략만이 항로를 바꾼다.**

리더는 끊임없이 위치를 재측정해야 한다

리더는 언제나 지도와 나침반을 든 항해자다. 하지만 바람은 수시로 방향을 바꾸고, 조류는 흔들리며, 기후는 예측할 수 없다. 그렇기에 리더는 정기적으로 '현재 우리의 위치'를 재점검해야 한다.

- 목표와 실제 사이의 간극은 얼마나 되는가?
- 구성원들이 느끼는 조직의 현실은 어떤가?
- 외부가 보는 우리와 내부가 느끼는 우리는 일치하는가?
  이 질문들에 솔직히 답할 수 있는 조직만이 방향을 수정하고, 속도를 조정하며, 지속 가능한 항로를 유지할 수 있다.

결론: 현위치에 솔직할수록 항해는 강해진다

항해는 미지를 향해 나아가는 일이다. 그러나 미지를 향하기 위해 가장 먼저 해야 할 일은 **자신이 어디에 있는지를 인정하는 용기**다. 진정한 전략은 "어디로 갈 것인가"보다 "지금 어디에 있는가"에서 시작한다.

"항해술의 시작은 자기 위치 파악이다." 이 말은 단순한 절차가 아니라, **겸손과 성찰을 전제로 한 리더의 태도**를 뜻한다. 현실에 솔직한 사람과 조직만이 흔들리지 않고, 바람이 바뀌어도 항로를 잃지 않는다. 결국 자기 위치를 정확히 아는 자만이 끝까지 항해를 완주할 수 있다.

❏ 세상을 바꾼 항해술의 발달, 김우숙, 이민수 저, 지성사, 2008년.

항해에는 호기심과 용기뿐만 아니라 자신의 생명을 지키는 지혜가 요구되며, 그것이 바로 항해술이다. 안전한 항해를 위해서는 우선 현재의 위치를 정확히 알아야 한다. 그래야 목적지로 향하는 방향을 결정하고 돛이나 키를 조종할 수 있다. 더불어 배의 속도, 바닷물의 깊이 등을 파악할 수 있어야 한다.

바다 한가운데에서 방위를 파악하는 방법, 배의 속도를 측정하고 물의 깊이를 재는 방법, 해도와 나침반으로 배의 현재 위치를 아는 방법 등도 소개한다. 별빛과 새에 의지하며 뱃길을 찾던 고대 항해술에서 추측항법·쌍곡선항법·GPS인공위성항법·잠수함의 관성항법까지 지난 5,000년 동안 발달해 온 항해술의 역사를 한눈에 보여 주는 것이다.

◎ 견시관찰, 대관소찰
- 크게 보고, 깊게 보아야 통찰이 생긴다

사람은 시각을 통해 외부정보를 받아들이는 성향이 높다고 한다. 그래서 백문이불여일견이라는 말도 있다.

세상을 제대로 보기란 어렵다. 현상의 겉모습에 현혹되지 않고, 숲과 나무를 동시에 보며,

눈에 보이지 않는 이면까지 파악하는 일은 쉽지 않다. 그래서인지 '보다'라는 의미를 지닌 표현들이 한자에도 많다. 예를 들어 볼 견, 볼 시, 볼 관, 볼 간, 살필 감, 볼 도 등 20여가지가 넘는다.

'견시관찰(見視觀察)'은 '견(見)', '시(視)', '관(觀)', '찰(察)'이라는 네 가지 '보다'와 관련된 한자의 조합으로, 각기 다른 뉘앙스를 가지고 '보는 행위'를 지칭한다. '견'은 눈에 보이는 것을 의미하고, '시'는 동작 자체를, '관'은 목적을 가지고 자세히 보는 것을, '찰'은 빠짐없이 살피는 것을 의미한다.

네이버 한자 사전에 나오는 각 한자의 의미는 다음과 같다.

견(見)은 눈을 뜨고 외부 사물이나 현상이 보이는 것을 의미한다. 見(견)자는 '보다'라는 뜻을 가진 글자이다. 目(눈 목)자와 儿(어진사람 인)자가 결합한 것이다. 見자의 갑골문을 보면 人(사람 인)자에 큰 눈이 그려져 있었다. 이것은 사물을 보는 눈을 강조해 그린 것으로 '보다'라는

뜻을 표현한 것이다.

시(視)는 '견'의 의미를 포함하며, 정확하게 또는 똑똑히 보이다는 의미를 강조한다. 볼 시(視)는 형성문자로 뜻을 나타내는 볼견(見: 보다)部와 음을 나타내는 시(示)는 신(神)이 사람에게 보인다는 뜻도 있다. 見(견)은 눈에 보이는 일이라는 뜻으로 시(視)는 똑똑히 보이다. 가만히 계속(繼續)하여 보다. 자세히 조사하다는 뜻으로 쓰인다. 나중에는 이쪽으로부터 보는 것을 시(視), 저쪽으로부터 나타나 보이는 것을 견(見)으로 나누어 썼다.

관(觀)은 목적을 가지고 주의 깊게 본다는 의미를 지닌다. 관(觀)자는 '보다'나 '보이게 하다'라는 뜻을 가진 글자이다. 雚(황새 관)자와 見(볼 견)자가 결합한 모습이다. 雚자는 隹(새 추)자 위에 큰 눈과 눈썹을 그린 것으로 '황새'라는 뜻을 갖고 있다. 雚자는 큰 눈과 눈썹이 도드라지는 황새를 잘 표현한 글자이다. 이렇게 황새를 그린 雚자에 見자를 결합한 觀자는 나무 위에 올라가 있는 황새처럼 넓게 '보다'라는 뜻이다.

찰(察)은 지나침이나 모자람이 없는지, 빠짐없이 자세하게 살펴본다는 의미이다. 찰(察)자는 '살피다'나 '자세하다'라는 뜻을 가진 글자이다. 宀(집 면)자와 祭(제사 제)자가 결합한 모습이다. 祭자는 제단 위에 고기를 얹는 모습을 그린 것으로 '제사를 지내다'라는 뜻을 갖고 있다. 이렇게 '제사'라는 뜻을 가진 祭자에 宀자를 결합한 察자는 집에서 제사를 지내는 모습을 표현한 것이다. 조상신에게 제사를 지내는 큰일을 치를 때는 부족함이 없어야 할 것이다. 그래서 察자는 제사를 지내기에 앞서 빠진 것이 없는지 두루 살펴본다는 의미에서 '두루 살피다'나 '자세히 알다'라는 뜻을 갖게 되었다.

대관소찰: 전략과 디테일의 균형

"大觀(대관)"은 전체를 조망하는 눈이다.

기업의 비전, 시장의 구조, 시대의 흐름을 읽는 능력이다.

반면 "小察(소찰)"은 작은 변화, 세부 지표, 구성원의 표정처럼 작고 섬세한 것들을 놓치지 않는 민감함이다.

많은 조직이 **대관에만 집중하면 실행력이 떨어지고**, **소찰에만 집중하면 전체 방향을 잃는다.**

두 눈은 각각 다른 곳을 보되, 하나의 뇌로 연결되어야 한다.

- 애플의 디자인은 '전체 경험'을 설계하되, 버튼의 위치와 압력까지 계산한다.
- 정조대왕은 대전략으로 탕평책을 추진했지만, 매일 신하들의 진언을 손수 읽고 주석을 달았다.

대관은 방향을, 소찰은 실행을 가능케 한다.
그리고 둘의 균형이 조직을 살린다.

결론: 보는 법을 아는 것이 곧 리더십이다

리더십은 말의 기술이 아니라, 보는 기술에서 시작된다. 그것이 단순한 시선(視)에 그치지 않고, 깊은 관찰(察)과 명확한 통찰(見)로 이어질 때, 리더의 결정은 힘을 얻는다.

견시관찰, 대관소찰

이 네 글자 안에 담긴 고전의 지혜는 오늘날 경영자, 기획자, 교육자, 그리고 성찰하는 개인 모두에게 **더 넓게, 더 깊게, 더 정밀하게 볼 것**을 요구한다.

잘 보고 나면, 길이 보인다. 보는 법을 모르면, 길은 어긋난다.

『모든 일에는 다 순서가 있는 법』, 클라우드나인, 한근태. p73.
대관소찰, 크게 숲을 보고 나중에 디테일을 본다 '대관소찰(大觀小察)'은 **큰 것을 보고 작은 것을 살핀다**는 뜻의 사자성어로, 주로 전체적인 큰 그림을 파악하면서 동시에 세부적인 사항을 놓치지 않고 꼼꼼히 살피는 지혜를 강조할 때 사용됩니다.

리더란 전체를 볼 수 있는 사람이다
- 조각을 넘어, 그림을 읽는 눈

조직에서 리더는 단순히 책임이 많은 사람이 아니다.

리더는 '전체'를 볼 수 있는 사람, 다시 말해 **숲과 나무를 동시에 볼 줄 아는 사람**이다. 구성원은 맡은 역할에 집중하지만, 리더는 각각의 역할이 모여 어떻게 하나의 그림을 그리는지 이해해야 한다. 전체를 보는 시야는 단순한 정보의 양이 아니라, **맥락을 파악하고 방향을 조율하는 통찰**이다.

전체를 보는 자만이 흐름을 읽는다

현대 조직은 기능적으로 분화되어 있다.

영업, 마케팅, 생산, 재무, 인사 등 각 부서는 자신만의 언어와 논리를 가지고 있다. 문제는 각각의 영역에서 아무리 탁월한 성과를 내도, 그 조각들이 유기적으로 맞물리지 않으면 **전략은 실패**한다는 데 있다.

리더의 역할은 이 각각의 조각을 연결하고, 흐름을 만들고, **'전체 최적화'를 구현하는** 것이다. 따라서 리더는 단순히 전문성을 뛰어넘어 **전체 흐름과 우선순위를 조율하는 종합적 사고**를 해야 한다.

전체를 본다는 것은 관점의 전환이다

전체를 본다는 것은 높은 곳에서 내려다보는 것이 아니라, 모든 곳에서 보는 것이다.

리더는

- 고객의 입장에서,
- 현장 직원의 입장에서,
- 투자자의 입장에서,
- 사회적 책임의 관점에서도
  사태를 보아야 한다.

하나의 관점만 고집하는 순간, 전체는 왜곡된다.

좋은 리더는 하나의 시야가 아니라 다층적 시선을 가진 사람이다.

시야가 곧 전략이다

'전체를 본다'는 것은 곧 **시야의 넓이와 깊이가 전략의** 본질이라는 뜻이다.

외부 환경 변화에 민감하고, 내부 조직의 맥락을 읽으며, 단기적 과제와 장기적 방향을 동시에 품는 사고. 그것이 리더가 가져야 할 시야다.

- 단기 수익에 매몰되지 않고, 장기 생존을 설계하며
- 일부 팀의 성과보다, 조직 전체의 조화를 추구하고
- 기능적 성과보다, **조직의 존재 이유(Why)**를 중심에 두는 것.

이러한 사고 없이는, 조직은 결국 '부서 이기주의'에 빠지고 만다.

결론: 전체를 보는 사람이 앞을 연다

전체를 본다는 것은 단지 더 많이 안다는 뜻이 아니다.

어디를 바라봐야 할지를 아는 능력,

각 조각을 하나의 맥락으로 엮는 능력,

그리고 다른 시야를 가진 사람들과 함께 보는 태도가 진짜 리더의 자격이다.

리더는 부하보다 위에 있는 사람이 아니라,

부하가 못 보는 곳까지 보는 사람,

현재를 넘어 미래를 그리는 사람이다.

그림의 일부분이 아닌,

그림 전체를 보는 사람만이 미래를 그릴 수 있다.

❏ "'생각의 깊이'가 곧 전략이다", 안병민, DBR 제257호. 2018년 9월호.

시야의 높이와 전략의 차이

낮은 곳에서는 보이지 않던 것이 높은 곳에서는 명확히 보이듯이, 비즈니스도 **시야의 높이**가 다르면 보이는 것이 달라진다.

그저 당면 과제 중심으로 행동하기만 하면 전술 수준에 머무를 수밖에 없으며, 전략은 더 높은 시선에서 질문하고 답을 찾아야 한다.

지엽적 팁이 아닌 본질적 사유의 중요성

매출을 올리거나 마케팅을 잘하는 단편적 방법만 찾는 접근은 지속 가능하지 않다.

기술이나 수단에만 머물지 않고, "왜 하는가"라는 질문을 통해 본질을 사유할 때 전략이 만들어진다.

생각 → 시선 → 질문 → 전략의 흐름

깊은 생각이 시야를 끌어 올리고, 시야가 높아지면 질문이 달라지며, 질문이 바뀌면 전략이 달라진다. 이 흐름이 전략적 사고의 구조다.

시선의 높이가 삶의 높이다
- 바라보는 곳이 삶을 이끈다

"시선의 높이가 삶의 높이다"는 철학자 최진석의 말로, 개인이든 사회나 국가든 자신이 가진 생각과 비전(시선의 높이)을 넘어서 발전할 수 없다는 것을 의미하며, 높은 이상과 깊은 사유를 통해 더 나은 삶을 만들 수 있다는 것을 강조한다.

사람은 자기가 보는 만큼 살아간다.

어디를 보느냐가 삶을 어떻게 살아가느냐를 결정한다. 결국, 시선의 높이는 삶의 수준을 결정짓는 나침반이다.

우리는 종종 물질적 조건이나 출신, 교육 수준이 인생의 질을 좌우한다고 생각한다. 하지만 진정한 차이는 '**어떤 시선으로 세상을 바라보는가**'에 있다. 같은 일을 해도 어떤 이는 의미를 찾고, 어떤 이는 불만만 쌓인다. 같은 풍경을 봐도 누군가는 기회를 보고, 다른 누군가는 위험만 본다. **시선이 곧 철학이고, 세계다.**

낮은 시선은 불만을 만들고, 높은 시선은 관점을 만든다

시선이 낮을수록 시야는 좁아지고, 관계는 경쟁으로 왜곡된다.

타인의 성과는 위협이 되고, 변화는 불안의 대상이 된다.

늘 '내가 손해 보는 건 아닌가', '왜 나는 저 자리에 못 가나' 같은 의심이 일상을 지배한다.

반면 **높은 시선은 더 멀리, 더 깊이, 더 넓게 보게 만든다.**

경쟁자를 함께 성장할 파트너로 바라보고, 실패를 배움의 기회로 해석한다. 개인의 이익을 넘어서 공동체의 미래를 생각하게 되며, 자신의 사소한 선택이 사회에 끼칠 영향까지도 고려하게 된다.

시선의 높이는 훈련의 결과다

누구나 처음부터 높은 시선을 갖는 것은 아니다.

삶의 경험과 독서, 성찰, 만남, 여행을 통해 우리는 시야를 확장한다.

높은 곳에 서본 사람만이 높은 시선을 가질 수 있다.

리더십도 마찬가지다.

탁월한 리더는 더 많은 정보를 가진 사람이 아니라, **더 높은 시야에서 전체를 바라보는 사람**이다. 조직의 일부가 아닌 전체, 오늘의 성과가 아닌 내일의 지속가능성을 본다.

결론: 내가 보는 것이 곧 내가 되는 것

"우리가 바라보는 방향이 곧 우리가 나아가는 길"이라는 말이 있다.

어떤 시선을 가질 것인가가 결국 **어떤 인생을 살 것인가**로 이어진다.

- 낮은 시선은 현재에 매몰되게 하고,
- 높은 시선은 미래를 준비하게 한다.
- 낮은 시선은 불안과 비교로 자신을 깎고,
- 높은 시선은 확신과 철학으로 삶을 이끈다.

삶을 바꾸고 싶은가? 그렇다면 먼저 시선을 높여야 한다.

산을 오르려면 먼저 고개를 들어야 하고, 삶을 바꾸려면 먼저 보는 관점을 바꿔야 한다.
시선의 높이가 곧 삶의 높이다.

❏ 탁월한 사유의 시선, 최진석, 21세기북스, 2018년.

"철학자 최진석 교수는 **'시선의 높이'가 곧 '삶의 높이'**라고 단언한다."

철학을 수입한다는 말은 곧 생각을 수입한다는 말과 같다. 그리고 생각을 수입한다는 말은 수입한 그 생각의 노선을 따라서 사는 것을 의미한다. 생각의 종속은 가치관뿐 아니라 산업까지도 포함해 삶 전체의 종속을 야기한다.(32쪽)

인간은 결국 질문할 때에만 고유한 자기 자신으로 존재한다. 고유한 존재가 자신의 욕망을 발휘하는 형태가 바로 질문이다. 그래서 질문은 미래적이고 개방적일 수밖에 없다. 대답은 우리를 과거에 갇히게 하고, 질문은 미래로 열리게 한다.(118쪽)

제3장

판단: 의사결정

의사결정은 숫자의 게임이 아니다. 숫자는 과거를 설명할 뿐 미래를 결정하지 않는다. 좋은 리더는 직관을 훈련한 사람이다. 직관은 경험과 철학이 축적된 형태다. 컨설팅은 답을 찾는 일이고, 코칭은 질문을 찾는 일이다. 조직은 점점 더 예측 불가능해지고, 리더는 점점 더 추상적인 결정을 내려야 한다. 이때 중요한 건 관점이다. 관점 하나 바꿨을 뿐인데 해법이 완전히 달라질 수 있다. 똑똑해 보이기 위해 말을 복잡하게 늘어놓기보다, 본질을 꿰뚫는 한 마디가 진짜 힘이다.

목 차

- ❖ 의사결정의 프로세스에서 경영적 판단의 중요성
- ❖ 세계의 리더들은 왜 직감을 단련하는가
- ❖ 컨설팅은 답을 찾고 코칭은 질문을 찾는다
- ❖ 원칙 없는 유연함은 방종이다
- ❖ 똑똑하게 보이고 싶다면 덜어내라
- ❖ 게릴라전에서는 모든 병사가 의사결정자이다

의사결정의 프로세스에서 경영적 판단의 중요성
– 정보가 아닌 통합적 판단이 조직의 방향을 결정한다

경영은 수많은 '결정'의 연속으로 이루어진다. 투자할 것인가, 철수할 것인가. 사람을 뽑을 것인가, 기다릴 것인가. 가격을 올릴 것인가, 유지할 것인가. 하루에도 수십 번 마주하는 이 선택의 순간마다, 경영자는 판단을 내려야 한다. 오늘날 기업들은 데이터를 기반으로 한 합리적 의사결정을 추구한다. 방대한 자료, 정교한 분석, 예측 모델이 넘쳐난다. 그러나 데이터가 넘칠수록 오히려 혼란이 커지는 순간이 있다. 숫자와 논리가 한계에 부딪힐 때, 남는 것은 결국 **'경영자의 판단력'**이다.

분석만으로는 결정을 내릴 수 없다

의사결정의 과정은 대체로 문제 인식 → 정보 수집 → 대안 비교 → 실행 선택 → 피드백 평가의 순서로 이루어진다. 이 단계에서 정보와 분석은 결정을 돕는 도구일 뿐, 결정을 대신하지는 못한다. 모든 데이터는 과거의 기록이고, 경영은 미래의 선택이다. 불확실한 환경에서 가장 중요한 것은 '분석'이 아니라 '통합적 판단'이다. 리더는 수많은 변수를 엮어 맥락을 읽고, 시나리오를 설계하며, 결과를 감내할 수 있어야 한다. 결국 의사결정의 본질은 수학이 아니라 해석이며, 숫자가 아니라 통찰이다.

판단은 '정보+맥락+철학'의 총합이다

경영적 판단은 단순한 선택 행위가 아니다. 그것은 정보의 해석, 조직의 상황, 그리고 리더의 철학이 결합된 종합적 사고다. 같은 수치를 놓고도 스타트업과 대기업의 해석은 다르고, 같은 리스크라도 성숙 시장과 신흥 시장의 의미는 다르다. 동일한 실적이라도 누가, 언제, 어떤 맥락에서 냈느냐에 따라 전혀 다른 평가가 내려진다.

이처럼 판단은 계산이 아니라 해석의 기술이다. 그래서 경험이 깊고 철학이 분명한 리더는 같은 정보를 보고도 전혀 다른 결론에 도달한다. 정보가 '사실'을 제공한다면, 판단은 그 사실을 '의미'로 바꾸는 과정이다.

경영자의 판단은 조직의 운명을 결정한다

경영자의 판단은 한 사람의 결정으로 끝나지 않는다. 그것은 조직 전체의 문화와 방향을 바꾸는 촉매가 된다. 스티브 잡스가 아이폰 개발을 결단했을 때, 그것은 단순한 기술 선택이 아니라 인류의 생활방식을 바꾼 판단이었다. 소니가 MP3 시장에서 발을 뺀 것도, 대한항공이 리브랜딩을 선택한 것도, 모두 한 사람의 판단이 조직의 미래를 갈라놓은 사례다.

리더의 판단은 곧 조직의 기류가 된다. 그 판단의 깊이와 방향이 조직의 1년, 10년, 혹은 100년을 결정짓는다.

결론: 최고의 경영 프로세스는 결국 사람의 판단으로 완성된다

분석은 기술이고, 판단은 철학이다. 시스템은 효율적일 수 있으나, 진짜 결정을 내리는 것은 사람이다. 경영적 판단이란 불확실성을 통과한 통찰이며, 책임을 감내한 용기의 표현이다. 그래서 조직의 의사결정 프로세스 중심에는 언제나 데이터도, 알고리즘도 아닌 **'사람의 판단력'**이 자리해야 한다. 그것이 바로 경영을 경영답게 만드는 마지막 요소이자, 모든 전략의 출발점이다.

❏ "Decision Analysis for Management Judgment"
  (Goodwin & Wright 외)
경영 판단(judgment)과 불확실성(uncertainty) 사이의 관계와 결정 모델을 다룸. 인간의 판단 역할을 강조.

세계의 리더들은 왜 직감을 단련하는가
- 불확실성의 시대, 보이지 않는 것을 보는 능력

21세기 글로벌 경영 환경은 복잡하고, 불확실하며, 예측 불가능하다. 숫자와 데이터가 넘쳐나는 세상에서도, 결정적 순간에는 논리가 아닌 '직감'이 결단을 이끈다. 그래서 세계의 리더들은 오늘도 직감을 '단련'한다. 왜 그들은 감각을 신뢰하는가?

첫째, 직감은 경험의 총합이자 무의식의 언어다

직감(Intuition)은 단순한 '감'이나 '육감'이 아니다. 하버드 경영대학원의 게리 클라인(Gary Klein) 박사는 이를 **"축적된 경험이 무의식적으로 결합되어 만들어낸 즉각적 판단"**이라 정의한다. 리더는 수천 번의 회의, 수백 건의 투자, 수많은 사람과의 대화를 통해

보이지 않는 패턴을 '느끼는' 능력을 키워왔다. 이는 데이터로 환원되지 않는 인간적인 판단, 맥락 읽기, 기류 포착과 같은 영역이다.

둘째, 논리는 과거를 설명하고, 직감은 미래를 선택한다

논리는 이미 드러난 사실을 다루고, 직감은 아직 보이지 않는 기회를 잡는다.

스티브 잡스는 "당신의 시간은 한정되어 있다. 그러니 다른 사람의 생각에 인생을 낭비하지 마라. 가장 중요한 것은 **당신의 마음과 직감을 따르는 용기를 갖는 것이다**"라고 말했다. 그가 아이폰을 개발할 때, 시장조사도 없었고 고객의 요청도 없었다. 그러나 그는 '올 것이 온다'는 직감을 믿었다. 이처럼 **직감은 미래를 향한 예측이자 결단의 촉각**이다.

셋째, 글로벌 리더들의 공통점은 '감각 근육'의 훈련을 한다는 것이다.

GE의 전설적 CEO 잭 웰치는 직감을 '정제된 본능(refined instinct)'이라 불렀다.
그는 끊임없이 현장을 돌며 스스로의 감각을 재점검했다. 나이키의 필 나이트는 말한다.

"나는 숫자가 아니라 내 속의 목소리를 믿었다. 성공은 숫자 뒤에 있는 흐름을 듣는 일이다." 세계적 리더들은 '느낌'이라는 불확실한 도구를 **훈련과 반성, 반복된 실패와 성찰을 통해 신뢰 가능한 판단 도구로 만든다.** 직감은 타고나는 것이 아니라, 갈고닦는 것이다.

넷째, 데이터는 지도이고, 직감은 나침반이기 때문이다.

빅데이터, AI, 알고리즘이 결정을 대신해주는 시대이지만, 마지막 선택의 순간에는 여전히 **사람의 판단, 즉 직감**이 필요하다. 왜냐하면 중요한 결정일수록 '정답'이 없고, 책임을 질 주체는 인간이기 때문이다.

- 데이터는 어디로 갈 수 있는지 보여주고
- 직감은 어디로 가야 하는지를 말해준다.

직감은 전략이 되고, 직감은 철학이 된다.
그래서 진정한 리더는 데이터보다 먼저, 자기 내면의 신호를 듣는다.

결론: 직감은 리더십의 본질이다

직감은 비논리가 아니다. 오히려 훈련된 이성 위에 세워진 고차원의 판단이다.

불확실한 시대일수록, 단편적 데이터보다 **총체적 감각**이 필요하다. 세계의 리더들은 **정보보다 통찰을, 증거보다 흐름을, 숫자보다 의미를 읽는다.** 그들은 묻지 않는다.

"정답이 무엇인가?" 대신 이렇게 자문한다. "나는 무엇을 느끼고 있는가?"

이것이 직감을 단련하는 이유다.

직감은 리더의 또 하나의 눈이다.

❏ "세계의 리더들은 왜 직감을 단련하는가", 야마구치 슈 저(山口 周, Yamaguchi Shu), 이정환 번역, 북클라우드, 2018년.

글로벌 기업이 세계적으로 유명한 미술계 대학원과 아트 스쿨에 인재를 보내고, 뉴욕이나 런던의 지적 전문직 종사자가 이른 아침부터 갤러리 토크에 참가하는 이유는 무엇일까? 그것은 보여주기식 교양을 위해서가 아니다. 그들은 매우 공리적인 목적을 위해 미의식을 단련하고 있다. 이선저럼 "논리·분석·이성에 발판을 둔 경영, 이른바 '과학 중시의 의사결정'으로는 요즘처럼 복잡하고 불안정한 세계에서 비즈니스를 리드할 수 없다"는 사실을 잘 알고 있기 때문이다.(15쪽, 바쁜 독자들을 위해 '세계의 엘리트는 왜 미의식을 단련하는가')

논리사고는 '정답을 이끌어내는 기술'이다. 우리는 철이 들 무렵부터 이 기술을 단련해왔다. 다만 이런 교육이 보편화되면서 문제가 발생했다. 사람들 대부분이 정답에 이르는, 일률적인 세상에서의 '정답의 상품화' 현상이 벌어진 것이다. 이는 교육의 성과라는 점에서는 축하할 만한 일이지만, 개인의 지적 전투력 면에서는 큰 문제가 아닐 수 없다. 지나치게 공급되는 상품은 가치가 없어지기 때문이다.(47쪽, 1장 '누구나 똑같은 정답을 말하다')

컨설팅은 답을 찾고, 코칭은 질문을 찾는다
- 문제 해결에서 인간 성장으로

현대 경영 환경에서 '변화'를 주도하는 두 가지 방식이 있다. 바로 **컨설팅(Consulting)**과 **코칭(Coaching)**이다. 둘은 모두 조직과 개인의 성장을 추구하지만, 접근 방식은 전혀 다르다. 컨설팅은 문제를 해결하기 위해 **'정답'을 찾아주는 기술**, 반면 코칭은 개인이 스스로 성장할 수 있도록 **'질문'을 던지는 기술**이다.

해답을 주는 컨설팅, 자각을 이끄는 코칭

컨설팅은 외부 전문가가 조직의 문제를 진단하고 전략, 구조, 수치 등을 분석해 솔루션을 제공하는 방식이다. 매출이 떨어졌다면 원인을 분석하고, 어떻게 올릴 것인지 구체적인 처방을 내린다.

이러한 방식은 빠른 문제 해결에 효과적이며, 지식과 노하우의 이전이 가능하다는 장점이 있다. 하지만 구성원이 스스로 생각할 기회를 갖지 못한다면, 컨설턴트가 떠난 이후엔 조직의 문제 해결력도 함께 떠나버릴 수 있다.

반면, 코칭은 해답을 제시하지 않는다. 대신 "당신이 진짜 원하는 것은 무엇입니까?", "이 선택은 당신의 가치와 일치합니까?" 같은 질문을 통해 **자기 성찰과 내면의 동기 부여를 유**

도한다. 코치는 상대방이 자기 안에 있는 해답을 찾을 수 있도록 돕는 촉진자이며, 이를 통해 구성원은 보다 주체적으로 성장하게 된다. **질문은 곧 성장의 출발점**이다.

불확실성의 시대, 질문이 경쟁력이다

예측 가능했던 과거에는 '정답'을 아는 것이 경쟁력이었다. 그러나 지금은 정답이 사라지는 시대다. 급변하는 시장, 복잡해진 사회 구조, 변화무쌍한 고객 니즈 속에서는 오히려 **좋은 질문이 방향을 제시하는 나침반**이 된다.

컨설팅이 단기적 문제 해결에 강점을 가진다면, 코칭은 장기적 변화와 학습의 촉매제다. 그래서 오늘날의 리더는 **컨설턴트처럼 해답을 제시할 줄도 알아야 하지만, 코치처럼 질문을 던지고 기다릴 줄도 알아야 한다.**

조직에도 두 접근이 모두 필요하다

위기 상황에서는 진단과 처방 중심의 컨설팅이 필요하다. 그러나 조직의 체질을 바꾸고, 구성원 한 사람 한 사람이 스스로 의미를 찾고 움직이게 하려면 **코칭형 리더십**이 절실하다.

컨설팅은 외부 자원으로 '병'을 고치는 방식이라면, 코칭은 조직 내부의 힘으로 '면역력'을 기르는 방식이다. 둘은 **경쟁이 아닌, 공존의 관계**다. 기업이 지속가능한 성장을 이루기 위해서는 문제 해결 능력과 함께 **자기 발견 능력**을 키우는 이중 엔진이 필요하다.

답은 밖에 있고, 길은 안에 있다

컨설팅은 "답은 여기에 있습니다"라고 말한다.

코칭은 "당신 안에 길이 있습니다"라고 말한다.

진정한 변화는 외부 해답에서 시작되지만, **내면의 성찰로 완성된다.**

때로는 전문가의 통찰이 필요하지만,

더 자주 우리에게 필요한 것은 **스스로를 돌아보게 만드는 질문이다.**

정답은 바뀌지만, 좋은 질문은 남는다.

그래서 코칭은 기술이 아니라, 사람을 믿는 **철학**이다.

☐ 질문력, 카와다 신세이 저, 한은미 번역, 토트, 2017년.

난관에 봉착했을 때 걱정만 하고 있다가는 아무것도 해결되지 않는다. 그 상황에 딱 들어맞는 질문이 있었기에 비로소 문제가 무엇인지 파악할 수 있었고, 해결이 힘들어 보이는 '고민'에서 극복할 수 있는 '과제'로 바뀌게 된 것이다. 아무리 고통스러운 상황 속에서도 좋은 질문을 계속 던질 수 있다면 돌파구를 찾을 수 있다. 또 누군가에게 강요된 것이 아니라 스스로 찾아낸 답이기 때문에 의욕도 저절로 생겨난다.(80페이지)

상품이나 서비스가 팔리지 않는 것은 필사적으로 '팔려고만' 하기 때문이다. 팔고자 하는 마음이 지나치게 강하면 상대방에게도 그 마음이 전달되기 때문에 오히려 역효과가 난다. 우선 어깨의 힘을 빼고 고객에게 물건을 팔기 전에 상대방이 무엇을 필요로 하는지, 어떤 문제를 안고 있는지를 먼저 파악하는 것이 중요하다.(197페이지)

원칙 없는 유연함은 방종이다
- 흔들림 없는 중심에서 나오는 진짜 리더십 -

글로벌 기업들이 유연한 문화를 추구하며 '자율과 책임'을 강조하는 시대다. 하지만 유연함이 마치 만병통치약인 것처럼 오용될 때, 조직은 쉽게 무너진다. 핵심은 '순서'다. 유연함은 반드시 '원칙 위에 세워져야' 한다.

원칙 없는 유연함은 방종이다

유연하다는 말은 참 듣기 좋다. 그러나 기준 없이 허용하는 유연함은 곧 **방종(放縱)**이다.

"이번엔 봐주자", "사람 따라 다르게 하자"는 관행은 빠르게 조직 내 신뢰를 갉아먹는다.

결국 경계가 무너지고, 팀워크는 흐트러지며, 성과도 하락한다.

리더가 모든 상황을 받아주고 무비판적으로 허용하는 태도는 유연함이 아니라 리더십의 부재다.

원칙 위의 유연함은 통찰이다

반대로, 원칙이 명확히 서 있는 리더는 상황에 맞춰 유연하게 판단할 수 있다.

원칙이 있기에 예외를 정의할 수 있고, 그로 인해 오히려 신뢰를 잃지 않고 융통성을 발휘할 수 있다.

이것이 바로 '원칙 기반의 유연성'이며, 진짜 리더십의 조건이다.

넷플릭스의 리드 헤이스팅스는 자율과 책임의 경계 안에서 원칙 위의 유연성을 실천한 대표적인 리더다.

그는 모든 직원에게 자유를 주되, 그것이 책임의 기반 위에 놓일 때만 조직이 성장할 수 있음을 증명했다.

위기 속에서 드러나는 진짜 중심

진짜 리더는 위기 속에서 드러난다. 혼란 속에서도 중심을 잃지 않고, 원칙에 기반한 판단과 필요할 때 발휘하는 유연함으로 조직을 지탱하는 사람. 그런 리더가 있는 조직은 흔들리지 않는다.

리더십은 무엇을 허용하느냐의 문제가 아니라, 무엇을 기준으로 판단하느냐의 문제다.

그리고 그 기준은 '원칙'에서 출발해야 한다.

결론: 유연함보다 먼저 세워야 할 것

조직을 이끄는 사람에게 가장 위험한 착각은 모두를 만족시키는 것이 리더십이라고 믿는 것이다.

진짜 리더는 '모든 것을 받아주는 사람'이 아니라,
명확한 원칙을 세우고, 그 위에서 사람을 살피고, 상황을 통찰하며 조직을 움직이는 사람이다.

원칙 없는 유연성은 방종이고,

원칙 위의 유연성이 진짜 리더십이다.

❏ 규칙 없음, 리드 헤이스팅스, 에린 마이어 저, 이경남 번역, 알에 이치코리아, 2020년.

우리에게는 블록버스터에 없는 것이 한 가지 있었다. 절차보다 사람을 소중히 여기고, 능률보다 혁신을 강조하며, 통제를 최대한 자제하는 문화였다. '인재 밀도(talent density)'를 기반으로 최고의 성과를 올리고, 통제가 아닌 맥락으로 직원들을 이끄는 데 초점을 맞추는 기업문화 덕분에, 우리는 지속적으로 성장하며 세상이 변하는 속도에 맞춰 같이 변화를 모색할 수 있었다. 그에 따라 우리 회원들의 요구 역시 우리와 함께 변신을 거듭했다. 넷플릭스는 다르다. 우리의 문화는 규칙이 없는 것이 규칙이다.(서문 8p.)

우리는 바람직하지 못한 행동을 하거나 본보기가 될 만한 성과를 내지 못하는 직원은 해고하게끔 매니저들을 훈련시켰다. 나는 로비의 안내요원부터 고위 임원진에 이르기까지, 해당 분야에서 가장 뛰어난 성과를 올리면서도 협동 능력이 탁월한 직원들로 넷플릭스를 채우는 데 총력을 기울였다. 이것은 넷플릭스 이야기의 기반이 되는 가장 중요한 점이다. 빠르고 혁신적인 직장은 소위 말하는 '비범한 동료들'로 구성된다. 다양한 배경과 견해를 가지고 있는 비범한 동료들은 재능이 뛰어나고 창의력이 남다르며 중요한 업무를 능숙하게 처리하는 동시에, 다른 사람들과 긴밀히 협력한다. 이 첫 번째 점이 확실하게 자리 잡지 않으면, 다른 원칙도 제 기능을 하지 못한다.
/ 1장 비범한 동료들이 곧 훌륭한 직장이다.(45p.)

똑똑하게 보이고 싶다면 덜어내라
- 군더더기 없는 생각이 사람을 빛나게 한다

"많이 아는 사람 = 똑똑한 사람"이라는 공식은 오랜 착각일지도 모른다.

지금 이 시대가 진짜 필요로 하는 지성은 **'채움의 기술'보다 '덜어냄의 미학'**에 있다.

불필요한 것을 걷어내고, 본질만 남겨 사람과 문제를 꿰뚫어보는 힘.

그것이 오늘날 똑똑함의 새로운 기준이다.

생각을 정리할 줄 아는 사람

회의는 길지만 핵심은 보이지 않고, 설명은 많지만 이해는 어렵다.

그럴 때 빛나는 사람은 늘 한마디로 정리한다.

"결국 핵심은 이겁니다."

많은 말을 줄이는 것이 아니라, **복잡한 생각을 정리하는 것.** 그 능력이 진짜 지성이다.

단순한 언어로 핵심을 명료하게 전달할 수 있는 사람이야말로 지식이 아니라 **이해를 다루는 사람**이다.

지식은 채움보다 정리가 먼저다

우리는 때때로 지식을 드러내야 똑똑해 보인다고 착각한다. 그러나 지식을 자랑하는 사람보다, 문제를 해결하는 사람에게 더 신뢰가 쌓인다.

과거에는 회의에서 말을 많이 하는 사람이 중심이었다. 지금은 누가 더 짧게, 정확하게 말하는지가 리더십의 기준이다. 말을 줄이면 **신뢰가** 생기고, 설명을 덜면 **이해가 깊어진다.** 양보다 질, 정보보다 구조가 중요해진 시대다.

덜어낼수록 구조는 명확해진다

'일을 잘하는 것'과 '일을 잘 보이게 정리하는 것'은 다르다. **실행의 힘과 설계의 힘,** 이 두 가지 중 설계는 늘 **덜어냄에서 출발**한다.

군더더기를 걷어내야

- 병목이 보이고
- 낭비가 드러나며
- 전략이 명료해진다.

복잡함 속에 가려진 본질은
덜어냄을 통해 비로소 드러난다.
정리가 된다는 것은, **사고가 구조화된다는** 뜻이다.
구조화된 사고가 곧 전략이고 경쟁력이다.

결론: 덜어낼수록 사람은 빛난다

스티브 잡스는 말했다.

"단순함은 궁극의 정교함(Simplicity is the ultimate sophistication)."

진짜 똑똑한 사람은 많이 아는 사람보다, **상대를 위해 쉽게 말할 줄 아는 사람**이다.

이해를 돕기 위해 말하고, 핵심을 드러내기 위해 설명한다. 그러니, 똑똑해 보이고 싶은가? **더하기보다 빼기를 연습하라.** 정보를 덜고, 말을 줄이며, 설명을 다듬어라. 덜어낸 사람이 결국 더 깊게 보이고, 더 신뢰받는다.

- ❏ *"Simplicity is the ultimate sophistication."* **Leonardo da Vinci.**

다빈치의 실제 원고에 기록된 문구는 아니지만, **다빈치의 사유를 요약한 어록집과 후대 전기 자료를 통해 널리 전해짐.**

  - ■ 스티브 잡스 (Steve Jobs) & 애플(Apple)
    - 스티브 잡스는 이 말을 자주 인용하면서 **애플 제품 디자인 철학을 설명함.**
    - 1977년 애플의 마케팅 브로슈어에도 그대로 인쇄되어, 애플 브랜드 아이덴티티의 핵심 메시지로 사용됨.
    - 관련 자료: Smithsonian Archives – Apple Pamphlet (1977)

게릴라 조직의 시대, 모든 구성원이 판단자가 되어야 한다
- 예측 불가능한 환경에서 살아남는 자율적 전사의 조건

조직은 오랫동안 '지휘-명령 체계'를 기반으로 움직여왔다. 위에서 전략을 짜고 아래에서는 따르며, 질서정연한 실행이 미덕이었다. 그러나 시대가 바뀌었다. 전장은 더 이상 정해진 규칙으로 움직이지 않는다. 변화의 속도는 빨라지고, 상황은 예측할 수 없으며, 기회는 한순간 스쳐 지나간다. 이 시대에 중요한 것은 얼마나 정확히 지시를 따르느냐가 아니라, 얼마나 신속하게 스스로 판단하고 행동하느냐다. 그래서 오늘날의 조직은 전쟁터의 게릴라 부대와 닮았다. 게릴라전에서는 모든 병사가 의사결정자이다. 이는 더 이상 군사학의 문장이 아니라, 조직 생존의 원칙이 되었다.

전통적인 피라미드형 조직은 명령 계통이 명확하지만, 그만큼 느리고 무겁다. 정보는 위로 올라가고, 결정은 아래로 내려오는 동안 이미 상황은 변해 있다. 결정권자가 현장을 모른다면 실패의 가능성은 높아지고 실행력은 떨어진다. 반면 게릴라 조직은 다르다. 현장에 있는 병사 한 명 한 명이 지형과 상황을 스스로 판단하고 즉시 움직인다. 이러한 신속한 판단력은 오늘날 기업의 경쟁 환경에서도 그대로 적용된다. 고객의 반응은 실시간으로 바뀌고, 경쟁자는 예상을 뛰어넘어 추

격하며, 위기는 매뉴얼 밖에서 발생한다. 이런 상황에서 의사결정권이 현장에 없다면, 조직은 늦는다. 그리고 늦음은 곧 패배를 의미한다.

그러나 '모든 병사가 의사결정자'라는 말은 무질서를 허용하라는 뜻이 아니다. 오히려 그것은 더 높은 수준의 책임감과 훈련을 요구한다. 공유된 목표와 철학, 신뢰를 기반으로 한 자율권, 그리고 끊임없는 학습이 전제되어야 한다. 이 세 가지가 갖춰질 때 구성원은 혼란 속에서도 방향을 잃지 않는다. 넷플릭스가 전 직원에게 "책임 있는 자유(responsible freedom)"를 부여하고, 스타트업들이 수평적 구조 속에서 빠른 실행을 중시하는 이유도 바로 여기에 있다.

결국 강한 조직은 잘 따르는 사람보다 잘 판단하는 사람이 많은 조직이다. 시장의 속도는 점점 빨라지고, 변화의 주기는 짧아지며, 경쟁의 룰은 하루가 다르게 바뀐다. 이 시대의 조직이 살아남는 길은 단 하나, 모든 구성원이 '전략적 판단자'로 성장하는 것이다. 게릴라전의 병사처럼 각자가 스스로 판단하고 움직일 수 있을 때, 조직은 비로소 유연하고 강해진다. 지금 우리가 서 있는 이곳은 정규전의 전장이 아니라, 예측 불가능한 게릴라전의 한복판이다. 그리고 그 전장을 이길 유일한 무기는, 각자의 판단력이다.

❏ *On Guerrilla Warfare* , Mao Zedong, translated by
  Samuel B. Griffith, University of Illinois Press, 1961.

게릴라 전술의 분권적 특성, 민중 참여, 유연한 조직 구조 등이 강조됨 — 즉 중앙 통제보다는 각 단위의 자율성과 판단이 중요하다는 시각이 일부 내포됨.

마오쩌둥은 게릴라전의 특징으로 **작고 자율적인 유닛**의 독립적 작전을 강조하였다. 이는 중앙에서 명령을 일괄적으로 내리는 정규군 방식과 달리, **현장 판단에 기반한 유연한 전술 운용**이 핵심이다.

❏ 규칙 없음, 리드 헤이스팅스, 에린 마이어 저, 이경남 번역,
  알에이치코리아, 2020년.

넷플릭스 공식 채용 문화 자료에서는 "우리는 직원들에게 스스로 결정할 자유(freedom)를 주며, 동시에 책임(responsibility)을 다할 것을 기대한다"고 명시하고 있다.

넷플릭스의 문화 발표 자료(Culture Deck)에는 "Context, Not Control"과 "Freedom & Responsibility" 원칙이 포함되어 있어, 규칙이 아닌 맥락을 제공하고 직원들이 자율적으로 판단하되 책임을 지라는 철학이 강조된다.

제4장

실행: 전략, 실행력

탁월한 전략도 실행되지 않으면 무의미하다. 공장을 보지 말고 시장을 보라. 기업은 제품이 아니라 맥락을 팔아야 한다. 전략이란 결국 '시장에서의 행동'이다. 아무리 훌륭한 계획도 실행되지 않으면 공허하고, 심지어 잘못된 결정이라도 실행력이 있으면 교정할 수 있다. 성공은 단일 요인이 아니라 복합적 게임이다. 인센티브는 사람을 움직이고, 시스템은 지속가능성을 만든다. 그래서 중요한 건 '실행하는 조직', '실행하게 만드는 리더'다. 실행력은 곧 경쟁력이다.

목 차

- ❖ 공장을 보지 말고 시장을 보라
- ❖ 성공은 복합적 게임이다
- ❖ 약이냐 독이냐는 사용량에 따른다
- ❖ 잘못된 결정도 실행이 살린다
- ❖ 디자이너만이 살아남는다
- ❖ 세상은 인센티브로 돌아간다
- ❖ 숙련도의 종말
- ❖ 실행력이 경쟁력이다
- ❖ 진짜로 문제를 해결한 사람들은 그것을 기억한다
- ❖ 맥락을 팔아라
- ❖ 점·선·면 전략: 작은 점이 세상을 바꾸는 힘

공장을 보지 말고 시장을 보라
- 내부 효율보다 중요한 것은 외부의 변화다

기업 경영에서 '효율성'은 늘 중요하게 다뤄져 왔다.

생산성을 높이고, 원가를 절감하고, 공정을 개선하는 일은 경영자의 기본 책무처럼 여겨진다.

그러나 아무리 공장이 잘 돌아가도, 그 제품을 **원하는 시장이 없다면** 그 노력은 헛된 것이 된다.

특히 오늘날처럼 **불확실성이 상수가 된** 시대에는

경영자가 가장 먼저 던져야 할 질문도 달라져야 한다.

"우리는 무엇을 잘 만드느냐?"가 아니라,

"시장은 지금 무엇을 원하는가?" 이다.

생산 중심 사고의 한계

많은 기업들이 여전히 '생산성' 중심의 사고에 갇혀 있다. 공장을 돌리고, 단가를 낮추고, 더 빠르게 더 많이 만드는 데 집중한다.

하지만 문제는, 그 생산이 시장의 수요와 **엇나갈 때**다. 아무도 사지 않는 제품을 더 빨리, 더 싸게 만드는 일이 과연 무슨 의미가 있는가?

생산 중심 사고는 기업을 **내부 최적화의 함정**에 빠뜨린다. 시장이 변해도 내부 시스템을 고수하고,

고객이 달라졌어도 제품은 그대로인 상황이 반복된다.
그 결과, 시장과의 거리는 점점 멀어지고
기회는 경쟁사에게 넘어간다.

관점을 바꾸면 전략이 바뀐다

성장하는 기업은 공장이 아니라 **시장을 먼저 본다.**

애플은 기술보다 '사용자 경험'을 먼저 설계했고,
넷플릭스는 콘텐츠보다 '구독자의 시청 행태'를 먼저 분석했다.

이들은 **자신이 가진 것**을 중심으로 전략을 짠 것이 아니라,
시장이 원하는 것을 관찰하고,
거기에 맞춰 조직과 자산을 재구성했다.

진정한 시장 중심의 경영이란, 기존의 설비나 인력, 기술, 심지어 전통까지도 **변화의 대상**이 될 수 있다는 전제 위에 성립된다.

시장이 요구하지 않으면, 아무리 좋은 자산도 전략적 강점이 될 수 없다.

공장에 집착할수록 시장과 멀어진다

과거의 성공을 이끈 공장과 시스템이
오히려 미래의 발목을 잡는 경우가 많다.
'우리가 잘하는 것'에 집착하는 순간,
'고객이 원하는 것'과 멀어지게 된다.

시장의 변화는 언제나 내부보다 먼저 도착한다.

소비자의 취향, 사회적 트렌드, 기술의 전환 등

이 모든 변화는 공장 안에서 보이지 않는다.

시장을 향한 시선이 있어야만 감지할 수 있는 신호들이나.

결론: 기업은 고객을 위한 존재다

기업은 공장을 잘 돌리기 위해 존재하지 않는다.

기업은 **고객의 문제를 해결하고, 삶을 바꾸기 위해 존재**한다.

그 출발점은 내부가 아니라 외부, 즉 시장이다.

오늘날의 경영자는

공장의 효율성보다 시장의 움직임을 민감하게 읽을 줄 알아야 한다.

내부를 단순히 최적화하는 것이 아니라,

외부의 기회를 선제적으로 포착하고 반응하는 민첩성이 핵심 역량이 되어야 한다.

당신의 시선은 지금 어디를 향하고 있는가?

공장 내부의 성과 지표인가,

아니면 시장의 신호와 고객의 욕구인가?

이 질문에 대한 답이

당신의 조직이 머무를 과거와

당신이 도달할 미래를 가르게 될 것이다.

❑ *HBR: How Apple Is Organized for Innovation* (Apple / HBR 공동 문서)
Apple은 사용자 경험을 기술보다 먼저 고려

❑ Gibson Biddle, "A Brief History of Netflix Personalization
Netflix는 콘텐츠 자체보다 구독자의 시청 방식을 먼저 이해하는 전략을 취함

성공은 복합적 게임이다
- 실력, 운, 타이밍, 사람… 하나로는 부족하다

성공은 단순하지 않다.
누군가는 "노력하면 된다"고 말하고, 또 다른 이는 "운이 따라야 한다"고 말한다.
하지만 현실은 그 어느 한쪽으로도 설명되지 않는다.
성공은 실력만으로도, 운만으로도 완성되지 않는다.
여러 요인이 맞물릴 때 비로소 문이 열린다.
성공은 복합적 게임이다.

실력은 기본이지만 전부가 아니다

실력은 성공의 기초다.
준비가 되어 있지 않으면 기회가 와도 잡을 수 없다.
하지만 실력만으로 모든 것이 해결되지는 않는다.
그 실력을 보아줄 사람, 연결해줄 기회, 발휘할 무대가 있어야 한다.
아무리 뛰어난 기술자라도, 아무도 찾지 않는 분야에 머물러 있다면
그의 능력은 세상에 닿지 못한다.
결국 성공은 실력이 발휘될 수 있는 맥락 속에 자신을 두는 일, 즉 실력을 '보여줄 수 있는 자리'를 만드는 전략까지 포함된다.

운과 타이밍은 노력으로 끌어올릴 수 있다

운은 통제할 수 없지만, 기회에 노출되는 빈도는 늘릴 수 있다. 끊임없이 시도하고 움직이는 사람에게 운은 더 자주 찾아온다.

타이밍도 마찬가지다.

시장과 사회, 사람의 흐름을 읽지 못하면

아무리 좋은 아이디어도 '시기상조' 혹은 '한발 늦은' 결과로 끝난다. 운과 타이밍은 단순한 행운이 아니라,
예측과 관찰, 준비를 통해 체감할 수 있는 감각의 결과다.

사람은 성공의 결정적 변수다

많은 리더들이 말한다.
"결국, 사람이다."

지식은 책에서 얻을 수 있지만,

기회는 사람을 통해 온다.

동료, 스승, 투자자, 고객…

누구를 만나느냐가 방향을 바꾼다.

좋은 사람을 만나는 것은 운일 수 있다.

그러나 그 운을 부르는 것은 자신이 신뢰받는 사람인가의 문제다.

성공은 결국 '사람을 얻는 과정'이며,
그 과정은 신뢰를 쌓는 일에서 시작된다.

복합적 사고가 복합적 성과를 만든다

성공을 단순화하려는 경향은 위험하다.

"좋은 제품만 만들면 팔린다", "마케팅만 잘하면 된다."

하지만 현실의 성공은 훨씬 복잡하다.

제품, 브랜딩, 자금, 유통, 인력…

이 모든 요소가 얽혀 돌아간다.

성공은 하나의 전공이 아니라, 여러 능력의 조화로 만들어지는 종합예술이다.

전략과 실행력, 판단력과 감정지능, 창의성과 지속성.
이질적인 요소의 균형이
결국 '복합 게임'에서의 진짜 경쟁력이 된다.

결론: 성공은 요행이 아니라 복합 설계의 결과다

우리는 종종 성공한 사람의 한 면만 본다.

천재성, 리더십, 불굴의 의지.

하지만 그 이면에는 보이지 않는 수많은 선택과 만남,

실패와 회복, 환경과 기회가 얽혀 있다.

성공은 단일한 능력의 승리가 아니라,

복합적인 조건을 설계하고 그 흐름 위에 올라탄 자의 결과다. 그러므로 성공을 꿈꾼다면 하나에만 의존하지 말자.
실력을 갈고닦되, 운을 부르고, 사람과 연결되고, 타이밍을 읽어야 한다.

성공은 단순한 게임이 아니다.
서로 다른 요소를 조율해 나가는 복합적 게임이며,
그 복합을 통합할 줄 아는 사람이 결국 승자가 된다.

- 운의 경영학(運의 경영학), 야스다 다카오(Yasuda Takao / 安田隆夫), 리더스북.

"장기 경제 불황을 이긴 돈키호테의 성공은 운(運)의 전략에서 비롯되었다!" 영 성과를 다룬 주요 저작

- 『Fooled by Randomness』 나심 니콜라스 탈레브(Nassim Nicholas Taleb), (2001).

경영, 투자, 인생의 성과가 실제 능력보다 **우연과 확률**에 의해 크게 좌우됨을 강조.
사람들은 종종 운을 실력으로 착각한다는 점을 경고.

약이냐, 독이냐는 사용량에 달려 있다
- 모든 것은 '얼마만큼'의 문제다

건강을 위해 먹는 비타민도 과하면 간을 망친다.

생명을 유지시켜주는 물조차, 너무 많이 마시면 생명을 위협할 수 있다.

좋은 것조차, 지나치면 해가 된다.

이처럼 우리가 매일 마주하는 수많은 자원, 제도, 감정, 행동은 그 자체로 절대적인 선도, 절대적인 악도 아니다. 문제는 '무엇이냐'보다 '얼마나'냐에 있다.

'좋은 것'도 지나치면 독이 된다

운동은 건강을 지키지만, 무리하면 관절을 해친다.

휴식은 재충전이지만, 지나치면 무기력이 된다.

이처럼 모든 것은 적정선일 때 가장 강력한 힘을 가진다. 조직도 다르지 않다.

열정, 규칙, 기술, 성과 압박—all은 일정 수준에서는 조직을 살리지만 강도가 지나치면 오히려 조직을 병들게 한다.

열정은 집착이 되고, 규칙은 관료제가 되며,

기술은 고립된 폐쇄성으로 변질된다.

무엇이냐보다, 얼마나 작동하는가가 관건이다.

리더십도 '용량 조절'이 핵심이다

리더의 피드백은 적절할 때 성장을 이끄는 자극이 된다.

하지만 과하면 구성원을 위축시키고 방어적으로 만든다.

칭찬도 마찬가지다.

진정성 있는 적당한 칭찬은 동기부여의 촉진제가 되지만, 빈번하고 무분별한 칭찬은 신뢰를 갉아먹는 독이 된다.

리더의 감정 표현, 권한 위임, 개입 수준, 정보 개방성 등 모든 요소에는 강약의 조절력이 필요하다.

리더는 일종의 '의사'가 되어야 한다.

정확히 진단하고, 필요한 만큼만 처방하며,

적정 용량을 조절할 줄 알아야 한다.

감정과 제도, 그 모든 것도 '얼마만큼'의 문제다

분노는 때론 정의를 구현하지만, 지나치면 파괴를 일으킨다.

사랑은 돌봄이지만, 너무 많으면 간섭이 된다.

불안은 준비를 부르지만, 과도하면 마비를 일으킨다.

경영에서도 마찬가지다.

성과급은 동기를 자극하지만, 지나치면 이기심을 조장한다.

복지는 신뢰를 키우지만, 과하면 권리의식만 부추길 수 있다.

진짜 중요한 질문은

"무엇을 할까?"가 아니라 "어디까지 할 것인가?", 그리고 "언제 멈출 것인가?"이다.

결론: '적절함'은 '단순함'보다 어렵다

절제된 리더십, 균형 잡힌 문화,

적정한 제도 설계는 결코 쉬운 일이 아니다.

오히려 극단으로 밀어붙이는 것이 더 쉽다.

그러나 진짜 고수는

딱 맞는 순간에 멈출 줄 아는 사람이다.

우리가 사용하는 모든 도구, 제도, 감정, 권한은 그 자체로 선도 악도 아니다.

그것이 약이 될지, 독이 될지는 '용량'에 달려 있다.

❑ *"All things are poison, and nothing is without poison; the dose alone makes a thing not poison."*
파라켈수스(Paracelsus, 1493~1541) – 스위스 의사, 화학자, 연금술사

"모든 것은 독이다. 독이 아닌 것은 없다. 오직 용량이 독이 되지 않게 한다."
즉, **약이냐 독이냐는 사용량(dose)에 달려 있다는 뜻**.
이 문장은 **현대 약리학과 독성학의 근본 원칙**으로, "용량-반응 관계 (dose-response relationship)"의 기초가 됨.
현대 독성학 교재 및 의학 논문에서도 Paracelsus의 이 격언은 *"the dose makes the poison"*으로 반복 인용됨.
예: Klaassen, C.D. (2013). *Casarett & Doull's Toxicology: The Basic Science of Poisons*.

잘못된 결정도 실행이 살린다
- 정답보다 더 중요한 '실행력'의 힘

현장에서 가장 자주 듣는 말 중 하나는 이렇다.
"이게 과연 맞는 결정일까?"
하지만 경영에서든, 조직 운영에서든, 인생에서든
완벽한 결정을 내리는 일은 환상에 가깝다.
정보는 늘 불완전하고, 시장은 예측 불가능하다.
문제는 정답을 고르는 능력이 아니라, **틀린 결정을 '살려내는'** 실행력이다.

우리는 종종 '결정의 질'을 논하지만, 실제로 미래를 결정짓는 힘은 **얼마나 빨리, 얼마나 지속적으로 실행했는가**에 달려 있다.

전략이 아니라 실행이 결과를 바꾼다

경영학자 헨리 민츠버그(Henry Mintzberg)는 말했다.
"전략은 사전에 완성되는 것이 아니라, 실행 중에 형성된다."
탁월한 전략은 실행 없이는 아무 의미가 없다.
반대로 초기 전략이 미흡했더라도
현장의 실행력이 뛰어나면 **오류를 보완하고, 기회를 만들어낼 수 있다.**

정답보다 실행이 앞서야 한다는 말은, 단순한 조언이 아니라 **현실의 법칙**이다.

실수보다 무서운 것은 '정지'다

많은 이들이 결정 앞에서 망설인다.
"틀리면 어쩌나?" "실패하면 책임은 누가 지지?"
그러나 진짜 위험한 것은 틀린 결정이 아니라 아무 것도 하지 않는 것이다.
잘못된 방향이라도 **움직이면** 수정할 수 있지만,
멈춰 있는 조직은 학습도, 변화도, 성장은커녕 **퇴보한다.**
실행은 곧 학습이며, 실패는 다음 성공의 재료다.
멈춰 있는 리더십은 조직을 지치게 하고,
움직이는 리더십은 실수를 성장으로 바꾼다.

리더는 정답보다 실행을 선택하는 사람이다

좋은 리더는 언제나 완벽한 답을 가진 사람이 아니다.
불완전한 정보 속에서도 움직이는 사람,
실행의 책임을 기꺼이 지는 사람이 진짜 리더다.
탁월한 조직은 잘 짜인 전략이 아니라,
실행을 두려워하지 않는 태도에서 나온다.
리더가 실행을 선택하면,
그 뒤에서 따라오는 사람들은 믿음과 방향을 얻게 된다.

실행은 정답이 아니라 **용기와 책임의 표현**이다.

결론: 실행은 전략을 이긴다

미국의 드와이트 아이젠하워 장군은 말했다.

"전쟁에서 계획은 쓸모없지만, 계획을 세우는 과정은 매우 중요하다."

결정은 출발일 뿐이다.

성공과 실패를 가르는 것은 실행이다.

결정이 틀릴 수도 있다. 그러나 **실행이 있다면,**

우리는 방향을 바꾸고, 실수를 보완하고,

새로운 결과를 창조할 수 있다.

오늘 우리가 해야 할 일은

완벽한 판단을 기다리는 것이 아니라,

지금 이 순간, 실행하는 일이다.

멈춰 있는 전략보다,

움직이는 실행이 세상을 바꾼다.

❑ 『Execution: The Discipline of Getting Things Done』,
  Larry Bossidy & Ram Charan, 2002.

"전략은 중요하지만, 전략보다 실행이 결과를 만든다(Execution is the key to success)."

잘못된 전략이라도 실행을 통해 교정·보완할 수 있다는 논지와 연결.

❑ Peter Drucker (피터 드러커)

"Plans are only good intentions unless they immediately degenerate into hard work."

계획이나 의사결정 자체보다 실행이 중요하다는 점을 강조.

❑ Jim Collins, 『Good to Great』

위대한 기업의 차이는 완벽한 결정이 아니라 **실행 과정에서 끊임없이 보완·개선하는 힘**에 있다고 분석.

디자이너만이 살아남는다
- 복잡한 시대, 설계하는 자가 미래를 지배한다

예전에는 기술이 경쟁력이었다.

그보다 앞선 시대에는 자원이, 자본이, 속도가 중요했다.

그러나 지금, 우리는 전혀 다른 조건의 시대를 살고 있다.

기술은 평준화되고, 자본은 넘쳐난다.

이제는 누가 더 빨리 만드는가보다, 누가 더 정교하게 '설계하는가'가 승부를 가른다.

그래서 이 시대는 선언한다.

"디자이너만이 살아남는다."

디자인은 단지 '꾸미는 일'이 아니다

여기서 말하는 디자인은 더 이상 '예쁘게 만드는 일'이 아니다.

디자인이란 문제를 구조화하고, 해법을 설계하며, 사용자에게 경험을 창조하는 능력이다.

이제 디자이너는 다음과 같은 일을 한다.

- 혼란 속에서 질서를 찾고,
- 표면 아래에서 욕망을 읽고,
- 무질서한 요소들을 하나의 흐름으로 통합한다.

그래서 오늘날의 디자인 사고(Design Thinking)는
경영, 정책, 교육, 조직 운영까지 모든 영역의 핵심 사고 프레임이 되었다.
기술보다 더 중요한 것은 문제를 제대로 보는 능력이다.

기획자는 사라지고, 디자이너가 남는다

한때는 기획자와 디자이너가 명확히 나뉘어 있었다.
기획자가 방향을 정하면, 디자이너는 그것을 시각화하는 역할이었다.
하지만 이제는 다르다.
기획과 디자인, 기술과 감성, 분석과 감각을 함께 다루는 사람이 필요하다.
시장을 이해하고, 인간을 공감하며, 구조를 짤 수 있는
'총체적 설계자'가 주목받는 이유다.
오늘날 살아남는 인재는
계획하고 설계하며 실행까지 아우를 수 있는
'디자이너형 인간'이다.

모든 것이 디자인이다

디자인은 더 이상 특정 부서의 일이 아니다.
이제는 비즈니스, 조직, 정책, 리더십 모두가 디자인의 대상이다.

- 애플은 하드웨어를 만든 것이 아니라 경험을 디자인했다.
- 토요타는 공장을 운영한 것이 아니라 흐름을 설계했다.
- 훌륭한 리더는 지시하지 않는다. 조직을 디자인한다.

오늘날의 조직 설계, 정책 프레임, 고객 여정, 업무 프로세스 모두가 디자인의 무대이다.
디자인은 특정 기능이 아니라 경영의 중심축이 되었다.

결론: 미래는 설계하는 자의 것이다

앞으로 살아남을 인재는 단지 전문가가 아니다.
기술을 아는 철학자, 시장을 읽는 시인,
비즈니스를 구조화하는 예술가,
즉 새로운 의미의 디자이너다.
문제를 지적하는 사람은 많다.
그러나 구조를 바꾸고, 흐름을 만들며, 질서를 설계하는 사람은 드물다.
그 역할을 하는 자가 바로 디자이너다.
설계하지 않는 사람은 설계당한다.
미래는 단순한 기획자의 것이 아니라,
시스템을 설계한 자, 경험을 그린 자, 통합을 이룬 자의 것이다.
그래서 오늘의 우리는 말한다.

"디자이너만이 살아남는다."

생각의 주도권을 디자인하라: AI를 도구를 넘어 무기로 만드는 질문의 힘, 박용후, 경이로움(Kyeongiroum), 2025년.
AI가 빠르게 진보하는 시대에서 **질문의 힘**과 **사고 주도권**을 회복해야 한다는 철학
기술과 데이터가 만능이 된 시대에서 단순히 답을 찾는 능력보다 **올바른 질문을 던지고, 사고의 틀을 설계하는 능력**이 더 중요하다는 주장.
AI를 단순한 도구가 아닌, 인간 고유의 능력을 확장시키는 **인지적 파트너**로 바라봐야 한다는 관점.
정보 과잉 시대에, 인간이 주체적으로 관점을 설계하고 사고의 주도권을 갖는 삶이 중요하다는 메시지 전반.

Apple – 경험 디자인 중심
Apple의 디자인 철학을 다룬 글들에서는, Apple이 단순 제품 경쟁이 아닌 **사용자 경험(UX/UI)** 중심의 디자인 원칙을 추구해 왔다는 설명이 자주 나온다. 예: "Apple's design process … prioritizes user experience, simplicity, and elegance."
Apple의 Human Interface Guidelines에서는 하드웨어와 **소프트웨어 간의 조화(harmony)**를 강조하며, 인터페이스와 경험 전반을 설계해야 한다는 원칙을 제시

Toyota – 흐름 중심 설계
Toyota 공식 사이트에서는 토요타 생산 시스템(TPS)이 **낭비 제거**

와 **효율 극대화**를 위한 철학을 바탕으로 발전했다고 밝히며, 이는 공장을 단순히 운영하는 것이 아니라 시스템 흐름(Just-In-Time, Jidoka 등)을 설계하는 접근임을 시사한다.

Lean / TPS 해설 사이트에서는 "harmony among people in a group" 등의 문구를 인용하며, 개인의 작업보다 흐름과 조화를 중시하는 조직 설계 관점이 강조.

세상은 인센티브로 돌아간다
- 인간의 행동을 움직이는 보이지 않는 손

왜 어떤 사람은 끊임없이 도전하고, 어떤 조직은 같은 실수를 반복할까?

왜 어떤 정책은 작동하지 않고, 어떤 회사는 의도치 않은 방향으로 흘러가는 걸까?

답은 간단하다.

그들이 움직인 이유, 또는 움직이지 않은 이유는 인센티브 때문이다.

인간은 보상에 반응하는 존재이고, 사회는 그 보상구조 위에 세워진다.

겉으로는 원칙과 규범이 지배하는 듯 보이지만,

실제로 세상을 움직이는 힘은 **'무엇이 유리한가'**라는 조용한 질문이다.

인간은 보상을 기준으로 행동한다

경제학자 토마스 소웰(Thomas Sowell)은 말했다.

"인센티브는 사람들이 무엇을 선택하는지를 결정한다."

사람은 이득을 계산하는 존재다.

단지 돈만이 아니다. 인정, 자유, 기회, 영향력, 심리적 만족감 등 보상의 형태는 다양하다.

그 보상의 크기, 시점, 지속 여부에 따라 인간은 놀랍도록 정확하게 선택을 바꾼다.

우리는 늘 본능적으로 묻는다.

"이 행동이 나에게 어떤 보상을 줄 것인가?"

조직의 성과는 인센티브 설계로 결정된다

조직에서는 특히 인센티브가 정교하게 작동한다.

인센티브 설계가 어그러지면, 정직하게 일한 사람이 손해를 보고

시스템을 잘 아는 사람만이 이득을 챙긴다.

- 목표는 높지만 실현 가능한 보상이 없다면?
  → 구성원은 지치고 무기력해진다.
- 반대로 단기 성과에 과도한 보상이 주어지면?
  → 숫자 맞추기, 꼼수, 비윤리적 행동이 생긴다.

인센티브는 조직의 방향키다.

어떤 행동에 어떤 보상이 따르는가를 설계하는 것이 리더의 가장 중요한 책무다.

사람이 아니라 구조가 문제인 경우가 더 많다.

정책의 효과도 결국 인센티브에 달려 있다

사회 정책도 예외가 아니다.

환경 보호든, 저출산 해소든, 세제 개편이든, 목표는 결국 행동 변화다.

하지만 도덕이나 명분만으로는 움직이지 않는다.

예컨대 '출산 장려금'은 단기 유인책일 수 있다.

하지만 장기적으로 삶의 질, 일자리 안정, 주거 문제 등 보다 구조적 보상이 없다면 효과는 사라진다.

국민에게 "이 정책이 옳은가"를 묻기 전에

"이 정책이 그들에게 어떤 유인을 주는가"를 먼저 설계해야 한다.

결론: 인센티브는 세상의 숨은 설계도다

보이지 않는 곳에서 사람을 움직이는 것은 말이 아니라 보상의 흐름이다.

감정보다 계산이 앞설 때도 있고, 철학보다 유인이 강할 때도 있다.

회사를 바꾸고 싶다면, 전략보다 먼저 인센티브를 설계하라. 정책을 성공시키고 싶다면, 정의보다 먼저 사람들이 왜 움직일지를 고민하라.

인센티브는 세상을 설계하는 무형의 힘이다.

그것을 읽는 순간, 인간의 행동과 조직의 미래가 달라진다.

Poor Charlie's Almanack, Charlie Munger, 2005.
"Show me the incentive and I will show you the outcome."
(인센티브를 보여주면, 나는 결과를 보여주겠다.)

『괴짜경제학(Freakonomics)』 스티븐 레빗 & 스티븐 더브너, 2005.
책의 첫 장이 **"세상은 인센티브로 돌아간다"**라는 메시지로 시작한다.
"Incentives are the cornerstone of modern life. Understanding them is the key to solving just about any riddle."

한비자(韓非子) 《韓非子·外儲說左上》
"한 여인은 뱀장어를 만지지 못하지만, 금전적 이익을 얻을 수 있다면 거리낌 없이 만진다. 또한 그 여인은 남의 눈치를 보지 않지만, 누에고치(명주실의 원료)를 다루면서는 부끄러움도 잊는다."
인간의 행동은 '싫다/좋다'의 감정이 아니라 **상벌(인센티브)**에 의해 바뀐다.
혐오스럽거나 힘든 일도 이익(상)을 주면 기꺼이 하게 되고, 원래 꺼리던 행동조차 이익 앞에서는 합리화된다.
한비자의 결론:
"사람을 다스림에 있어 본성에 호소하지 말고, 반드시 상과 벌로 동기를 유도하라."

즉, 제도와 인센티브 설계가 곧 통치의 핵심.

아담 스미스(Adam Smith) 『국부론(The Wealth of Nations, 1776)』
인간은 자신의 이익을 추구하는 과정에서 보이지 않는 손(invisible hand)에 의해 사회적 이익도 증진시킨다고 설명.여기서 개인의 이익 추구 = 가장 근본적인 **경제적 인센티브**.

📎 아담 스미스 『국부론(The Wealth of Nations, 1776)』 제1권 2장

"우리가 저녁 식사를 얻는 것은 푸줏간 주인, 양조업자, 제빵업자의 자비심 때문이 아니라, 그들이 자기 이익을 추구하기 때문이다."
의미:
인간은 자비심이나 선의가 아니라 **자신의 이익이라는 인센티브**에 의해 경제활동을 한다.
시장경제는 이런 개인적 동기를 통해 사회 전체의 부를 증진시키는 구조로 작동한다("보이지 않는 손").

숙련도의 종말
– AI 시대, 인간은 무엇으로 차별화할 것인가

한때 숙련은 경력과 경험의 상징이었다.

특정 분야에서 오랜 시간 갈고닦은 기술은 곧 자산이었고, 숙련된 장인은 산업의 근간이자 존경받는 존재였다.

그러나 지금, 숙련의 가치가 흔들리고 있다.

AI와 자동화의 시대. 숙련은 더 이상 인간만의 영역이 아니다.

오히려 기계가 더 빠르게 배우고, 더 정확히 반복하고, 더 안정적으로 기억한다. 이제 우리는 묻지 않을 수 없다. '숙련된 인간'이 아니라면, 인간은 무엇으로 차별화할 수 있는가?

더 빠르고, 더 정확하게 학습하는 기계들

기계는 단순한 보조자가 아니다.

오늘날의 로봇팔은 숙련공보다 더 정밀하게 용접하고, AI는 수천 장의 영상 데이터를 분석해 진단을 내린다.

고객 응대 챗봇은 사람보다 빠르게 피드백을 축적하며 '숙련'되어 간다.

사람이 몇 년을 들여 익힌 기술도, 이제는 **기계가 몇 시간 만에 학습해낸다.**

더구나 인간은 피로하고 실수하지만, 기계는 지치지 않으며 예측 가능하다.

기업이 숙련된 인력보다 자동화를 선택하는 이유는 분명하다. 더 싸고, 더 정확하기 때문이다.

반복에 의존하는 숙련, 그 수명은 다했다

가장 먼저 자동화의 영향을 받는 직군은 **반복과 규칙에 기반한 업무들**이다.

공장 조립, 단순 사무, 자료 분류, 매뉴얼 기반의 서비스 등은 이미 알고리즘이 사람을 대체하고 있다.

이 변화는 제조업에만 국한되지 않는다.

법률, 회계, 의학 등 전통적 전문 영역에서도 AI는 빠르게 진입 중이다.

이제 '경험 많은 전문가'라는 타이틀도 반복적 업무에 기반한다면 더는 안전하지 않다.

새로운 시대의 숙련, 그것은 해석력과 기획력이다

그렇다고 숙련이 사라진 것은 아니다.

문제는 우리가 오래도록 익숙해온 '숙련의 정의'가 바뀌고 있다는 점이다.

- 단순 반복보다 **복합적 판단**,

- 빠른 정답보다 **깊은 질문**,
- 주어진 업무를 잘 처리하기보다 **과정을 새롭게 설계할 수 있는 능력**이 중요해진다.

즉, 미래의 숙련은 '손의 감각'이 아니라 '머리와 마음의 통찰'이다.

기술이 따라올 수 없는 해석력, 기획력, 상상력. 그것이 새로운 경쟁력이다.

결론: 다음 시대의 숙련은 '창조'다

'숙련도의 종말'은 인간 능력의 종말이 아니다.

오히려 인간이 더 인간다워져야 할 이유가 커졌다는 뜻이다. **AI는 정해진 답에는 강하지만, 새로운 질문은 못 만든다.**

기계는 데이터를 조합할 수 있지만, **의미와 윤리를 설계하지는 못한다.**

우리는 이제 스스로에게 물어야 한다.

"내가 가진 능력은 자동화 가능한가?"

그리고 이어서 더 본질적인 질문을 던져야 한다.

"나는 무엇을 새롭게 만들 수 있는가?"

창조야말로 인간만이 가질 수 있는 숙련의 미래다.

1. 『장인의 기술(The Craftsman, 리처드 세넷(Richard Sennett), 2008)』
   - 세넷은 인간의 노동과 숙련(skill)이 단순 기능이 아니라 **자아와 공동체의 근간**임을 강조.
   - 하지만 후기 산업사회에서 숙련의 가치는 **자동화·시스템화**로 점차 약화됨.
   - → "숙련의 종말" 담론의 철학적·사회학적 근거 제공.

2. 『노동과 독점자본(Labor and Monopoly Capital, 해리 브라운(Harry Braverman), 1974)』
   - 테일러주의(Taylorism)와 과학적 관리가 **노동의 탈숙련화(deskilling)**를 초래했다고 분석.
   - 노동자의 숙련은 분업·자동화 속에서 점점 사라지고 관리자의 통제력이 강화됨.
   - → '숙련도의 종말' 논의를 본격화한 사회학 고전.

실행력이 경쟁력이다
– 생각은 누구나 하지만, 움직이는 자만이 이긴다

오늘날 기업이 실패하는 이유는 아이디어가 부족해서가 아니다.

전략 회의실에서는 탁월한 기획이 넘쳐나고, 문서 위에서는 성공의 청사진이 그려진다.

그러나 현실은 다르다.

실제로 움직이고, 끝까지 실행하는 사람은 극히 드물다.

이제 더 이상 "누가 똑똑한가?"가 중요한 질문이 아니다.

"누가 실행했는가?"가 성공을 가르는 가장 현실적인 기준이 되었다.

실행력은 선택이 아닌 생존의 조건이다.

전략보다 실행이 어렵다

전략은 종이 위에 있다.
하지만 실행은 **현장, 사람, 돌발 변수, 예측 불가능한 상황** 속에서 벌어진다.

- 전략은 말이고, 실행은 **행동**이다.
- 전략은 **선택**이고, 실행은 **책임**이다.
- 전략은 **계획**이고, 실행은 **끊임없는 조정**이다.

많은 조직은 **나쁜 전략** 때문이 아니라, **좋은 전략을** 실행하지 못해서 무너진다.

아무리 정교한 전략도 **실행으로** 이어지지 않으면 공상에 불과하다.

실행력이 강한 조직의 조건

실행력 있는 조직은 특별한 DNA를 갖고 있다.
그들은 **기다리지 않고, 시도하고, 반영하고, 정리한다.**

1. **속도** – 완벽을 기다리지 않고 빠르게 움직인다.
2. **책임** – 실패를 감수하며 배운다.
3. **학습** – 실행 과정에서 인사이트를 포착하고 반영한다.
4. **단순화** – 지금 당장 무엇을 할지를 명확히 정의한다.

아마존은 대표적인 실행 중심 조직이다.

창업자 제프 베조스는 이렇게 말했다.

"우리는 완벽한 결정보다 빠른 결정을 선호한다. 실행이 느리면 혁신은 죽는다."

그 철학은 아마존의 실행 문화 '**Day 1 정신**'으로 구체화되었고,

끊임없는 진화를 가능케 한 **조직의 근력**이 되었다.

실행은 리더십이자 문화다

실행력은 개인의 성격이나 습관이 아니다.

조직의 구조, 리더의 언어, 문화적 공기가 실행을 만들거나 막는다.

- 지시만 내리고 결과만 따지는 리더는 실행을 방해한다.
- 실패를 용납하지 않는 조직은 **도전 자체를 차단**한다.
- 회의와 보고에 매몰된 시스템은 **행동을 마비**시킨다.

반대로 실행력이 강한 조직은 이렇게 작동한다.

- "말한 것을 해낸 사람"을 존중한다.
- "계획보다 행동"을 우선시한다.
- "속도와 피드백"을 자산으로 삼는다.

결론: 실행 없는 전략은 공상이다

아이디어는 누구나 낼 수 있다.

하지만 시장에 나가는 제품, 고객을 감동시키는 서비스, 조직을 바꾸는 힘은

오직 실행된 것만이 만든다.

- 실행력은 전략보다 강하다.
- 실행력은 실력보다 선명하다.

- 실행력은 미래를 여는 가장 현실적인 힘이다.

성공과 실패를 가르는 가장 명확한 기준은 단 하나.
"누가 실행했는가?"
그리고 그것이 오늘날 가장 강력한 경쟁력의 정의다.

『효과적인 경영자』 The Effective Executive: The Definitive Guide to Getting the Right Things Done, 피터 드러커(Peter F. Drucker), 이재규 번역, 한국경제신문사(한경BP), 2007년.
드러커는 이 책에서 **지식 노동자(knowledge worker)** 시대의 경영자가 가져야 할 가장 중요한 역량 중 하나로 **실행력(Effectiveness through action)**을 강조하였다. 계획이나 아이디어의 우수성보다, **그것을 어떻게 실천하고 결과로 연결하느냐가 진정한 리더의 능력**이라고 보았다.
"Plans are only good intentions unless they immediately degenerate into hard work."(계획은 즉각 실행으로 옮겨지지 않으면, 그저 좋은 의도에 불과하다.)

진짜로 문제를 해결한 사람들은 그것을 기억한다
- 행동했던 사람만이 남기는 기억, 그리고 성찰의 자산

문제는 언제나 조직의 안팎에서 생겨난다. 갑작스러운 위기, 예측하지 못한 실패, 구조적으로 반복되는 병목까지, 문제는 형태를 바꿔 끊임없이 우리 앞에 나타난다. 그러나 시간이 지나면 사람들은 종종 묻는다. "그때 그 문제를 누가 해결했지?" 이상하게도 그 답은 흐릿하다. 보고서는 남아 있지만, 실제로 현장에서 부딪히며 돌파했던 사람의 얼굴은 기억 속에서 사라진다. 반면 진짜로 문제를 해결한 사람은 그 순간을 또렷하게 기억한다. 왜냐하면 **해결의 경험은 단순한 결과가 아니라, 고통을 통과한 흔적이기 때문**이다. 그 흔적은 성과표가 아닌 기억으로 남고, 그 기억은 개인과 조직의 진짜 성장 자산이 된다.

구경한 사람은 잊고, 뛰어든 사람은 기억한다

조직에는 문제를 '본' 사람은 많지만, 그것을 '해결한' 사람은 많지 않다. 회의에서 문제를 언급하는 사람, 데이터를 분석하는 사람, 보고서를 정리하는 사람은 늘 존재한다. 그러나 직접 현장에 뛰어들어 손을 더럽히고, 불편을 감수하며, 비난을 견디면서 문제를 끝까지 밀어붙인 사람은 드물다. 그렇기 때문에 해결자는 문제를 잊지 않는다. 그에게 문제는 단순한 업

무가 아니라 **몸으로 겪은 경험**이기 때문이다. 경험이란 고통을 수반한 배움이고, 배움은 곧 기억으로 남는다.

기억은 책임의 증거다

진짜 문제 해결자는 그 일을 잊지 않는다. 그는 왜 문제가 발생했는지, 무엇이 실패를 불렀는지, 그리고 같은 일이 반복되지 않기 위해 무엇을 바꿔야 하는지를 기억한다. 그 기억은 보고서보다 생생하고, 통계보다 설득력 있다. 기억한다는 것은 책임을 졌다는 의미이며, 기억이 남아 있다는 것은 성장이 이루어졌다는 증거다. 그래서 조직이 우대해야 할 사람은 '보고한 사람'이 아니라 **'기억하고 있는 사람'**, 즉 실제로 부딪히고 해결했던 사람이다. 그가 가진 기억은 조직의 재발 방지를 이끄는 생생한 교과서이기 때문이다.

리더는 기억을 묻고, 기억을 기록하게 해야 한다

좋은 리더는 "그 문제 어떻게 됐지?"보다 "그때 누가 끝까지 남아 해결했지?"를 먼저 묻는다. 문제를 해결한 사람의 기억을 존중하고, 그것을 제도와 학습으로 연결하는 조직이 진짜 강한 조직이다. 리더의 역할은 기억을 발굴하고, 그것을 시스템이 아닌 문화로 전환하는 것이다. 문제 해결의 기억이 공유되고, 그것이 다시 행동의 지침이 될 때 조직은 한 단계 더 성장한다.

결론: 문제를 해결한 기억이 조직을 성장시킨다

사람은 자신이 고생한 일은 결코 잊지 않는다. 그 기억이 바로 실력이고, 시간이 지나면 경륜이 된다. 진짜 문제를 해결한 사람은 그것을 기억한다. 그 기억은 자랑이 아니라 책임의 흔적이며, 말이 아니라 행동으로 남은 기록이다.

기억이 있는 사람을 알아보는 조직, 그 기억을 자산으로 바꾸는 조직만이 다시 위기를 돌파할 수 있다. 결국 조직의 경쟁력은 **기억의 깊이와 진정성**에서 나온다. 문제를 해결한 기억이 쌓일수록, 그 조직은 더 현명하고 단단해진다.

❑ 결국 문제를 뚫고 성장하는 사람, 서현직, 김영사, 2025년.
회사에서 만나는 사람들은 크게 2가지 부류로 나눌 수 있습니다. 문제를 해결하는 '문제 해결사'와 문제를 피하고 싶어 하는 '문제 회피 전문가'입니다. 물론 모든 사람이 정확하게 이 둘 중 하나라고는 말하기 힘들어요. 그 중간에 위치한 '문제 구경꾼'도 있습니다.(p.102)

맥락을 팔아라
- 상품보다 이야기를, 기능보다 의미를

현대 시장에서 단순히 물건을 파는 것만으로는 더 이상 경쟁력이 되지 않는다. 소비자는 기능과 가격만으로 구매를 결정하지 않는다. 오히려 그 **제품이 왜 존재하는지, 어떤 가치를 담고 있는지, 어떤 맥락 속에서 탄생했는지**에 더 끌린다. 결국 기업이 팔아야 하는 것은 물건이 아니라 **맥락(context)**이다.

맥락이 없는 제품은 금세 대체된다. 기술은 따라잡히고 가격은 낮출 수 있기 때문이다. 반면 맥락이 있는 제품은 하나의 스토리가 되어 소비자의 마음속에 오래 남는다. 예컨대 단순한 커피 한 잔이라도, 공정무역으로 재배된 원두라는 맥락, 지역 농민을 돕는다는 스토리, 브랜드가 추구하는 철학이 얽히면 그 커피는 더 이상 단순한 음료가 아니다. 그것은 **소비자가 선택함으로써 동참하는 하나의 경험**이 된다.

기업 경영도 마찬가지다. 리더가 단순히 목표치와 수치만 제시하면 구성원은 그저 지시를 따르는 집단에 머문다. 그러나 **우리가 왜 이 일을 하는지, 어떤 맥락 속에서 우리의 노력이 필요하고, 어떤 변화를 만들 수 있는지**를 설명하면 직원들의 동기와 몰입은 달라진다. 숫자가 아니라 의미가 사람을 움직인다.

맥락을 파는 힘은 결국 **'스토리텔링'과 '철학'**에 있다.

소비자는 물건이 아니라 이야기를 산다. 직원은 급여가 아니라 의미를 위해 일한다. 투자자는 재무제표만이 아니라 기업이 가진 비전의 맥락에 투자한다.

  따라서 기업이 해야 할 일은 기능을 포장하는 것이 아니라, 그 기능이 세상과 어떻게 연결되는지를 보여주는 것이다. **맥락은 가치를 확장시키고, 의미는 가격을 넘어선다.**

  물건은 누구나 만들 수 있지만, 맥락은 쉽게 복제되지 않는다. 그래서 진짜 경쟁력은 맥락을 설계하고, 그것을 고객과 사회에 설득력 있게 전하는 데 있다.

  팔고 싶다면 물건을 내밀지 말고, 맥락을 제시하라.
그때 비로소 제품은 단순한 소비재를 넘어, 하나의 철학이 되고 하나의 경험이 된다.

  ❏ 맥락을 팔아라, 정지원·유지은·원충열 저, 미래의 창, 2017년.
    이제 시작하는 모든 브랜드들은 가장 단순한 맥락부터 단단하게 설계해야 할 것이다. 그리고 이미 나와 있는 브랜드들도 자신만의 고유한 맥락을 규정하고 이를 강화하는 방식으로 커뮤니케이션을 전개해야 할 것이다. 브랜드는 맥락 속에서 태어나고, 마지막까지 살아남는 것 역시 맥락이기 때문이다.(p.9)
    Z세대에게 메이크업은 쉽게 할 수 있는 놀이에 가깝다. 결점을 감추기 위한 수단이거나, 남들처럼 꾸미고 싶어 하는 것이 아니다. 메이크업이든 여타의 제품이든, 하나의 이상적 이미지나 완결된 결말을

제시하는 것 자체가 무리일 수 있다. 다른 사람의 기준이 중요치 않고, 주체성이 충만한 이들에게는 브랜드가 창조와 표현의 도구로 제시되어야 한다.(p.116)

점·선·면 전략: 작은 점이 세상을 바꾸는 힘
– 덩샤오핑의 개방정책에서 배우는 확장의 철학

성장의 본질은 '확장'이 아니라 '축적'이다.

어떤 조직이든, 어떤 국가든 한순간의 비약으로 성장하지 않는다. 모든 발전은 작은 '점'에서 시작해, 그 점이 다른 점과 연결되며 '선'을 이루고, 이 선들이 얽혀 하나의 '면'으로 확장되는 과정 속에서 완성된다. 이것이 바로 점·선·면 전략이다.

이 전략은 한정된 자원을 효율적으로 배분하고, 작은 성공을 발판으로 점진적인 확장을 이루는 사고방식이다. '점'은 실험의 무대다. 아직 검증되지 않은 가능성을 시험하는 공간이며, 실패를 감내할 수 있는 최소 단위의 시도이다. '선'은 그 점과 점을 연결하는 관계의 구조다. 유통망, 파트너십, 제도적 연계가 형성되며 하나의 흐름이 만들어진다. 그리고 '면'은 그 흐름이 만들어내는 거대한 생태계다. 시장이 형성되고, 조직이 안정되며, 시스템이 자생력을 갖추는 단계다.

이 단순한 구조는 사실상 모든 혁신의 경로를 설명한다. 처음에는 작고 미약하지만, 연결의 힘이 그 규모를 바꾸고, 축적이 체계를 만들어낸다. 그래서 점·선·면 전략은 "확장은 연결의 예술"이라는 말로 요약될 수 있다.

이 전략을 가장 거대한 규모로 구현한 사례가 바로 중국의 덩샤오핑(鄧小平)이다. 그는 1978년 개혁개방을 선언하며 중국을 계획경제에서 시장경제로 전환시켰다. 그 과정은 전형적인 점·선·면 구조였다. 우선 1979년, 그는 심천·주하이·산터우·샤먼 네 곳을 경제특구로 지정했다. 이것이 '점'이었다. 중국 내 자본주의 실험장이었고, 외국 자본과 시장 논리를 제한적으로 도입한 작은 실험실이었다.

이 실험이 성공하자 덩샤오핑은 개방의 범위를 확대했다. 상하이, 톈진, 칭다오 등 연해도시를 잇는 경제벨트를 구축하며 '선'을 그었다. 연안선을 따라 형성된 산업벨트는 수출 중심의 제조 인프라를 만들었고, 도시 간 물류·자본·인재의 흐름을 강화했다. 이후 내륙지역으로까지 개방정책이 확산되면서 중국 전체가 거대한 경제 생태계, 즉 '면'으로 확장되었다.

그는 "먼저 부자가 될 수 있는 사람부터 부자가 되게 하라(让一部分人先富起来)"고 말했다. 이는 곧 '점에서 시작해 선으로, 그리고 면으로 확장하라'는 전략적 선언이었다. 덩샤오핑의 방식은 리스크를 통제하며 실험을 반복한 단계적 개혁이었다. 성공한 모델을 전국으로 확산시키는 설계였고, 이념보다 실리를 우선한 실용주의 리더십의 결정체였다. 결국 그는 하나의 작은 '점'으로부터 국가 체제를 바꾸었다.

이 점·선·면의 확장 원리는 기업에도 동일하게 작동한다. 유니클로는 히로시마의 한 점포에서 출발했다. 그 작은 점을 성공시킨 뒤, 전국 유통망이라는 선을 구축했고, 결국 글로벌 SPA 플랫폼이라는 면을 완성했다. 스타벅스 역시 시애틀의 작은 커피점에서 출발하여 도시별 상권을 점으로 확보하고,

이를 네트워크로 연결해 전 세계의 문화적 공간으로 확장했다. 일본의 도시재생도 마찬가지다. 도쿄역이라는 점에서 시작된 재생 프로젝트가 마루노우치, 오테마치로 이어지며 선을 만들고, 결국 광역 도심권 전체를 면으로 재편했다.

이 모든 사례의 공통점은 '작은 성공의 구조화'이다. 완벽한 계획보다 중요한 것은 실행 가능한 첫걸음이며, 그 걸음이 만든 신뢰와 시스템이 확장을 가능하게 한다. 점과 선의 반복이 면을 이루듯, 성장과 학습의 순환이 조직과 국가의 지속성을 만들어낸다.

따라서 점·선·면 전략은 단순한 확장 모형이 아니라, 성장의 원리를 해석하는 철학이다. 덩샤오핑의 개방정책은 이 전략의 국가적 구현이었고, 한 국가의 실험이 세계 경제의 구조를 바꾼 역사적 사례로 남았다. 그는 '점 하나로 역사를 바꾼 전략가'였다.

오늘날 기업 경영 역시 이 원리에서 벗어나지 않는다. 신제품 하나가 '점'이 되고, 시장과 파트너십이 '선'을 이루며, 고객 생태계가 '면'으로 완성된다. 경영의 본질은 거창한 계획이 아니라, 점 하나를 진심으로 운영하고 그 점들을 연결하는 데 있다. 작게 시작하되, 끈질기게 연결하고, 꾸준히 확장하는 것. 그것이 바로 성장의 철학이며, 연결의 전략이다.

❑ 鄧小平, 『改革開放文選』, 人民出版社, 1993.

등소평의 '점·선·면(点·线·面)' 전략이 개혁개방 초기 국정 운영 전략으로 사용되었음을 보여주는 1차 사료로, 실험적 개방 → 특정 지역 확대 → 전국 확산이라는 점진적 확장 구조의 정당성을 뒷받침한다. 원전에서 등소평은 다음과 같은 방식으로 개혁정책의 순차적 실행을 강조한다:

"一個地方、一個領域，點上試驗，然後由點到線，由線到面，逐步推開。"

이는 **선전 경제특구**를 필두로 하는 중국의 개혁개방 정책의 전개 방식이자, 현대 조직이나 정책 확산 전략에도 자주 인용되는 '**파일럿-확산-정착**' 모델의 전형적인 사례로 평가받는다.

제5장

조직: 시스템과 프로세스

조직은 기계가 아니다. 한 톱니가 고장 나도 계속 굴러가는 것이 아니다. 조직은 사람들의 협력으로 움직이는 생명체다. 협력은 수평적 교류만으로 이뤄지지 않는다. 정보는 아래에서 위로, 권한은 위에서 아래로 흐른다. 수직적 협업이 중요한 이유다. 게릴라 조직처럼 모든 구성원이 의사결정자인 유연한 구조도 필요하지만, 그 위에는 철학과 시스템이 있어야 한다. 철학이 없으면 유연성은 방종이 되고, 시스템이 없으면 실행력은 사라진다. '일 잘하는 사람'과 '일 잘하게 만드는 사람'을 구분할 줄 알아야 진짜 리더다.

목 차

- ❖ 수직적 협업이 중요하다
- ❖ 모든 권한은 위에 있고 모든 정보는 아래에 있다
- ❖ 일류는 철학, 이류는 시스템, 삼류는 물건을 본다
- ❖ 체계적인 시스템과 프로세스가 기업의 실력이다
- ❖ 일을 잘하는 것보다 잘하게 하는 것이 더 어렵다
- ❖ 화이트칼라의 소멸
- ❖ 기술을 전략으로 바꾸는 것이 경영이다
- ❖ 관리자 없는 조직, 미래는 어떻게 작동하는가?
- ❖ 조직 운영, 고전에서 길을 찾다
- ❖ 팀 정렬이 만드는 강한 조직

수직적 협업이 중요하다
- 방향과 책임이 흐르는 조직만이 강해진다

오늘날 많은 조직이 '수평적 문화'를 강조한다. 직급 대신 이름을 부르고, 자유롭게 토론하며, 누구나 의견을 낼 수 있는 환경을 만들려 한다. 이는 조직의 자율성과 창의성을 끌어올리는 중요한 변화다. 그러나 종종 잊혀지는 전제가 하나 있다. 수평적 문화가 진정한 힘을 발휘하기 위해서는, 그 아래에 반드시 **'수직적 협업'**이라는 단단한 기반이 존재해야 한다는 점이다. 방향은 위에서부터 흘러야 하고, 실행은 아래에서부터 올라와야 조직이 움직인다.

수직적 협업은 권위가 아니라 방향이다

'수직'이라는 단어는 흔히 권위주의나 위계질서를 떠올리게 한다. 그러나 여기서 말하는 수직적 협업은 통제나 명령이 아니라 **명확한 방향 설정과 책임의 흐름**을 의미한다.

- 상위 리더는 전략과 우선순위를 제시하고,
- 중간관리자는 그 전략을 해석하며 실행체계로 연결하고,
- 현장은 실행과 피드백을 통해 전략을 현실로 만든다.

이 흐름이 무너지면 조직은 속도를 잃고, 책임이 분산되며,

결국 아무도 결정을 내리지 못하는 상태에 빠진다. '결정 없는 회의', '책임 없는 자율'은 결국 조직을 느슨하게 만든다. 수직의 부재는 수평을 혼란으로 바꾸고, 자율을 방임으로 만든다.

수직이 작동하지 않으면 수평은 무의미하다

많은 리더가 수평적 소통만으로도 조직이 자율적으로 돌아가리라 기대하지만, 명확한 기준과 리더십의 뒷받침이 없으면 수평은 오히려 불안정해진다.

- 위에서 방향이 모호하면, 아래에서는 실행보다 혼란이 커진다.
- 위에서 피드백이 없으면, 아래는 침묵하거나 무기력해진다.
- 위에서 책임을 회피하면, 아래는 자기 방어에 몰두한다.

수평적 자율은 수직적 신뢰 위에서만 자란다.

따라서 리더는 명확히 방향을 제시하고, 중간조직은 이를 현실적으로 해석하며, 실행조직은 이를 현장에서 검증하고 피드백으로 되돌리는 **수직적 순환 구조**를 만들어야 한다. 이 선순환이 유지될 때, 비로소 수평적 문화는 자율이 아닌 생산성으로 이어진다.

수직적 협업은 조직의 생명선이다

수직은 단순한 위계가 아니라, 조직이 움직이기 위한 혈류이자 뼈대다.

- 수직은 **의사결정의 책임이 흐르는 구조**이며,
- 수직은 **혼란 속에서도 중심을 잡아주는 기준**이며,
- 수직은 **위기 상황에서 신속한 대응을 가능하게 하는 체계다.**

이는 군대식 위계가 아니라, **역할과 책임이 명확하게 연결된 협업의 사다리다.** 각자의 위치에서 자신이 무엇을 해야 하는지를 알고, 그 결과가 어디로 전달되어야 하는지를 아는 구조가 바로 수직적 협업이다.

결론: 수평은 문화이고, 수직은 구조다

좋은 조직은 수평과 수직의 균형 속에서 강해진다. 수평적 소통과 자율이 조직의 피를 돌게 한다면, 수직적 협업과 책임 구조는 그 피가 흐를 수 있는 뼈대를 세운다. 리더는 방향을 명확히 제시하고, 실행자는 주체적으로 움직이며, 중간관리자는 이 둘을 연결하는 **조직의 중추신경**이 되어야 한다.

수직적 협업이 선명할수록, 수평적 문화도 살아난다. 모든 것을 토론할 수 있어야 하지만, **누군가는 결정을 내리고, 누군가는 끝까지 실행해야 한다.** 그 책임과 방향의 흐름이 분명할

때, 조직은 흔들리지 않고 앞으로 나아간다. 방향이 흐르고, 책임이 이어질 때, 비로소 조직은 진짜로 강해진다.

❑ 조직구조와 조직효과성: 관계와 재해석 (Organizational Structure and Organizational Effectiveness: Relationships and Reinterpretation), 김태룡, *행정논총* 제54권 제1호, 서울대학교 행정대학원, 2016년 3월호. 1-29쪽 본 논문은 조직구조(공식화, 집권화, 전문화 등)가 조직효과성에 미치는 영향을 비교론적 관점에서 분석하고, 조직구조 이론의 재해석을 시도

"송파구에서 일을 더 잘하는 11가지 방법", 우아한형제들이 제작한 포스터 형식의 내외부 배포 문서, 2번 항목으로 **"실행은 수직적! 문화는 수평적~"** 문구가 포함,

실행은 수직적! — 성과를 내기 위한 업무의 실행은 수직적으로 잘 정렬되어 일사분란하게 움직여야 하며, 서로서로 의견을 나누고 유연하게 소통해야 할 때는 수평적인 문화가 조성되어야 한다는 뜻이다.

(우아한형제들 조직문화 / 이야기 블로그 **"배민다움"**: https://story.baemin.com/goodjob/2025년 10월 25일 검색)

❈ 모든 권한은 위에 있고, 모든 정보는 아래에 있다
- 조직을 멈추게 하는 보이지 않는 단절

기업과 조직의 실패는 외부 경쟁이 아닌 내부 요인에 있는 경우가 많다. 특히 **조직 문화, 리더십의 부재 또는 잘못된 의사 결정, 구성원의 동기 부여 저하** 등이 주요 실패 요인으로 작용한다. 협업 부족, 부서 간 이기주의, 소통 부재 등의 문제도 조직의 성과와 생존에 치명적인 영향을 미칠 수 있다.

의사결정권이 있는 곳과 현장의 정보가 있는 곳이 서로 연결되지 않을 때,

조직은 내부에서부터 부식된다.

리더는 결정해야 한다. 하지만 정작 중요한 정보는 아래에 있다.

현장은 많은 것을 보고 느끼지만, 결정할 수 없다.

이처럼 **'권한은 위에 있고, 정보는 아래에 있는 구조'** 는 조직을 **느리게, 무기력하게, 그리고 무책임하게 만든다.**

위는 판단하지만, 모른다

아래는 알고 있지만, 결정하지 못한다

의사결정권자는 대개 고층 사무실에 있다. 보고서는 올라오지만, **현장의 진짜 공기와 뉘앙스는 걸러진다.**

'보고용 정보'와 '체감 정보' 사이의 괴리는 점점 커지고, 리더는 점점 현실로부터 멀어진다.

반대로, 말단 직원은 고객의 반응, 제품의 문제, 시스템의 허점을 누구보다 잘 안다.

하지만 그들은 아무 결정 권한이 없다.

문제를 보지만 해결할 수 없고, 목소리를 내도 전달되지 않는다. 결국 조직은 **권한 있는 자는 모르고,**

아는 자는 움직일 수 없는 구조가 되고 만다.

이 단절이 만든 세 가지 병리는 다음과 같다.

1. **무기력한 현장**
   보고해도 바뀌지 않는다는 경험이 반복되면, 사람들은 말하지 않는다.
   침묵은 문제를 덮고, 문제는 더 커진다.

2. **오판하는 리더십**
   데이터와 수치를 믿고 결정을 내리지만,
   그 수치의 배경을 모르면 전략은 빗나간다.

3. 책임 없는 조직 문화
   현장은 "위에서 하라는 대로 했다"고 말하고,
   위는 "현장이 왜 실행을 못 했느냐"고 묻는다.
   이때 아무도 책임지지 않는다.

연결하라: 권한은 정보를 향하고, 정보는 권한을 향해야 한다

현대적 조직은 이 단절을 넘기 위해 **'정보 중심의 의사결정 분산'**을 시도하고 있다.

- 아마존은 "정보가 있는 사람이 결정을 내려야 한다"는 원칙을 세웠고,
- 넷플릭스는 **'책임 있는 자유'**라는 문화로 권한을 아래로 위임했다.
- 일본의 도요타는 생산현장 직원에게도 **라인을 멈출 수 있는 권한을** 줌으로써
  책임과 정보가 동시에 움직이는 시스템을 만들었다.

핵심은 단순한 위임이 아니다.
정보와 권한이 하나의 선으로 연결되는 구조,
즉 현장의 판단이 실행으로 이어지고, 리더의 결정이 데이터에 근거하는 구조를 만드는 것이다.

결론: 권한과 정보의 연결이 곧 실행력이다

조직을 움직이는 것은 전략도, 열정도 아니다.

정보를 가진 자가 결정하고, 결정한 자가 책임지는 구조.

이 단순한 원리가 작동할 때 조직은 빠르고 유연하게 움직인다.

"모든 권한은 위에 있고, 모든 정보는 아래에 있다."

이 현실을 바꾸지 않는 한,

아무리 훌륭한 전략도, 아무리 탁월한 인재도 조직을 바꾸지 못한다.

정보가 권한을 향하게 하라.

권한이 정보를 존중하게 하라.

그것이 진짜 실행력 있는 조직의 출발점이다.

❑ The Functions of the Executive, Chester Irving Barnard, 1938년(추후 30주년 기념판 발간)

본서는 조직을 **협력 체계(cooperative system)**로 보고, 조직이 지속 존재하기 위해 필수적인 조건 및 경영자의 기능을 탐구.

이 책은 전통적인 조직 이론이 제시하던 규범적(moralistic) 접근을 넘어, 조직이 실제 어떻게 작동하는지를 경험적이고 사회·심리학적 관점에서 분석한 고전.

🏛 일류는 철학, 이류는 시스템, 삼류는 물건을 본다
- 겉보다 속, 기술보다 방향, 제품보다 존재 이유를 보라

"그 회사는 왜 성공했는가?"

많은 사람이 '좋은 제품'이나 '잘 짜인 시스템' 때문이라고 말한다.

그러나 진짜 일류 기업은 다르다. 그들은 **철학**에서 **출발**한다.

"일류는 철학을 보고,

이류는 시스템을 보고,

삼류는 물건만 본다."

이 말은 오늘날에도 통찰을 준다.

눈앞의 '성과'보다 그 성과를 만드는 '본질'에 집중하는 태도, 그것이 조직과 리더를 결정짓는다.

삼류는 '물건'만 본다: 눈앞의 기능에 갇히다

삼류는 겉을 본다. 경쟁사의 제품이 어떤 기능을 가졌는지, 어떤 가격에 나왔는지에만 집착한다.

그래서 늘 모방하고, 빠르게 따라 하며, **단기 매출에만 몰두한다.**

하지만 기술은 금방 복제되고, 트렌드는 빠르게 지나간다.

고객은 물건이 아니라 '가치'를 원한다.

물건만 보는 기업은 결국 가격 경쟁에 빠지고, 브랜드는 공허해진다.

이류는 '시스템'을 본다: 구조는 있지만 영혼은 없다

이류는 시스템을 강조한다. 표준화, 매뉴얼, 품질관리, 업무 프로세스.

물론 시스템은 중요하다. 그러나 시스템은 방향을 정해주지 않는다.

아무리 정교한 프로세스도
'왜 이 일을 하는가'라는 철학이 없으면,
사람은 기계가 되고, 조직은 매몰된다.

시스템만 남고, 그 안에 사람의 의미와 선택이 사라진 조직은 결국 경직되고 무력해진다.

일류는 '철학'을 본다: 존재 이유에서 전략이 시작된다

일류는 질문이 다르다.
"우리는 왜 존재하는가?"
"무엇을 세상에 기여하고 있는가?"

이 철학이 브랜드의 뼈대를 만들고,
고객의 감정을 움직이며,
사람들을 조직에 머물게 한다.

- 스타벅스는 커피를 파는 회사가 아니라 "제3의 공간"이라는 철학으로 문화를 만들었다.
- 유니클로는 옷을 싸게 파는 것이 아니라 "라이프웨어"라

는 철학을 통해 사람들의 일상을 디자인한다.
- **도요타**는 단순한 생산공정이 아니라 "현장 중심"이라는 철학으로 수십 년간 진화해왔다.

철학이 있는 기업은 **제품이 흔들려도 정체성이 남고**, 철학이 있는 리더는 위기 앞에서도 판단 기준을 잃지 않는다.

결론: 무엇을 먼저 보느냐가 당신을 결정한다

- 물건만 보면 모방하게 되고,
- 시스템만 보면 복제하게 되며,
- 철학을 보면 창조하게 된다.

철학은 보이지 않지만, 결국 모든 것을 움직인다.
보이는 것만 보는 조직은 늘 늦고,
보이지 않는 것을 보는 조직은 결국 남는다.

일류가 되고 싶은가?
그렇다면 지금 당신의 철학부터 점검하라.

☐ 《대한민국 읽기》, 최진석
문명의 구조를 세 층(layer)으로 구분하고, 각 층의 역할과 중요성을 설명한다: 1) 물건(구체적 현상, 제품 등) 2) 제도 / 시스템(정치·사

회 구조, 조직, 법·규범 등) 3) 철학 / 가치 / 세계관(추상적이고 근본적인 사고 체계)
"물건이 먼저이고, 그것을 가능하게 하는 제도/시스템이 중간에 있으며, 그 위에 철학이 존재한다"는 위계적 구조를 강조하며, "물건만 보는 수준은 후진국, 물건과 제도까지 보는 수준은 중진국, 물건과 제도와 철학을 아우르는 수준이 선진국"이라는 구분을 제시.

☕ 스타벅스: "제3의 공간 (Third Place)" 철학
스타벅스는 단순히 커피를 판매하는 공간이 아니라, 집(First Place)과 일터(Second Place) 사이의 **"제3의 공간(Third Place)"** 역할을 하려는 브랜드 철학을 표방해 왔다.

(스타벅스 글로벌 아카데미(Starbucks Global Academy) 웹사이트)

👕 유니클로: "LifeWear" 철학
유니클로(모회사 패스트 리테일링)는 공식 IR 보고서 및 철학 문헌에서 **LifeWear** 개념을 핵심 철학으로 내세우고 있다. 이 철학은 "일상의 옷(Everyday Clothing)"을 통해 사람들의 삶을 더 나아지게 한다는 목표를 담고 있다.

유니클로 공식 웹사이트의 LifeWear 소개 페이지에서는 "LifeWear is clothing designed to make everyone's life better. It is simple, high-quality, everyday clothing… thought through with life's needs in mind"라는 설명이 명시되어 있다.

(유니클로 웹사이트)

🏭 도요타: "현장 중심(Genba / Gemba)" 철학

도요타 생산 시스템(Toyota Production System, TPS) 및 Lean 경영 이론에서는 **현장 중심(Genba 또는 Gemba)** 철학이 핵심 개념 중 하나이다. "현장은 시간, 생산성, 공간이 밀접히 연관된 활동 현장"이라는 정의로, 개선 활동(Kaizen)을 현장에서 직접 관찰하고 실행하는 방식이 강조된다

(도요타 웹사이트)

체계적인 시스템과 프로세스가 기업의 실력이다
- 우연한 성공이 아닌, 재현 가능한 성공의 조건

좋은 성과는 누구나 만들 수 있다.

하지만 **좋은 성과를 '지속적이고 반복 가능하게'** 만드는 것은 다른 문제다.

단 한 번의 성공이 아닌, **어떤 사람이 해도 일정한 수준의 성과가 나오는 조직**이야말로 진짜 강한 조직이다.

그 차이를 만드는 것이 바로 **시스템(system)**과 **프로세스(process)**다.

체계적인 시스템과 프로세스가 기업의 실력이다.

이는 단지 관리 방식이 아니라,

기업이 얼마나 **예측 가능하게** 움직이고, 위기에도 흔들림 없이 작동하며, 사람의 역량을 구조화할 수 있는가를 말한다.

실력 있는 기업은 '운'에 의존하지 않는다

많은 기업이 우연한 성공을 반복하려 한다.

한 명의 뛰어난 영업사원, 한 번의 기발한 마케팅, 특정 임원의 카리스마.

하지만 **이들은 구조가 아닌 개인 변수**에 가깝다.

사람이 바뀌면 성과도 사라지고, 위기가 오면 조직은 흔들린다.

반면, 실력 있는 기업은 묻는다.

- 이 성공을 **어떻게 반복 가능한 체계**로 만들 것인가?
- 이 성과를 개인의 기술이 아닌 조직의 자산으로 만들 수 있는가?
- **누가 해도 일정 수준 이상의 품질**이 유지되도록 설계되어 있는가?

이 질문에 대한 답이 바로 '시스템과 프로세스'다.

시스템은 조직의 '기억력'이고, 프로세스는 조직의 '근력'이다

- **시스템은 조직의 방식을 표준화하고 자동화하는 구조**다.
  고객 관리, 품질 관리, 채용 평가, 피드백 루프 등은 모두 시스템으로 운영될 수 있다.
- **프로세스는 일의 순서를 정리하고 실행력을 높이는 방법론**이다.
  프로젝트 관리, 제품 개발, 클레임 대응, 전략 실행 등에서
  반복 가능하고 예측 가능한 흐름을 만들어낸다.

이 둘이 잘 작동하면, **조직은 성장할수록 오히려 더 안정적으로 움직인다.**
'규모의 함정'에 빠지지 않고, **규모의 힘**을 발휘할 수 있게 된다.

사람 중심의 조직에서 구조 중심의 조직으로

물론 사람은 중요하다. 하지만 사람의 역량은 구조 안에서 **극대화될 때 빛난다.**

우수한 인재에만 의존하는 조직은 결국 '영웅 모델'에 머무르고 만다.

반면, **평범한 사람이 들어와도 빠르게 성장할 수 있고,**

누구든 일정 수준 이상의 퍼포먼스를 낼 수 있는 구조가 실력 있는 조직이다.

스타트업이 대기업이 되기 위해 가장 먼저 갖춰야 할 것도, 바로 이 '시스템화의 힘'이다.

결론: 시스템이 없으면 반복은 없고, 반복이 없으면 성장도 없다

기업은 반복되는 선택의 연속이다.
이때 시스템과 프로세스가 없다면,
그 선택은 매번 감(感)에 의존하게 되고,
조직은 갈수록 피로해진다.

체계는 실력이다.

성공을 반복할 수 있는 능력,
사람이 아닌 구조가 작동하는 조직,
위기가 와도 다시 일어설 수 있는 복원력.
이 모든 것이 바로 **시스템과 프로세스에서 비롯된다.**

▧ Deming의 시스템 사고와 재현 가능한 성공의 조건

개념 정의: "Appreciation for a System" (W. Edwards Deming)

W. Edwards Deming은 미국의 품질 경영 혁신가로, 20세기 후반 일본 제조업의 부흥에 결정적 기여를 한 인물이다. 그가 제시한 **"시스템에 대한 이해(Appreciation for a System)"**는 **경영자가 조직을 상호 연관된 프로세스의 집합으로 인식해야 한다**는 원리를 담고 있다.

"A system is a network of interdependent components that work together to try to accomplish the aim of the system."

- W. Edwards Deming, *The New Economics for Industry, Government, Education*

여기서 말하는 시스템은 **개별 구성 요소의 합보다 큰 가치를 만들기 위해 상호작용하는 구조이며, 각 부서·기능의 최적화보다 전체 흐름의 최적화가 중요하다는 점을 강조한다.**

Larry Bossidy & Ram Charan, *Execution: The Discipline of Getting Things Done*

- 실행(execution)의 중요성을 강조한 저작으로, "Ideas are easy. Execution is everything." 등의 표현이 관련 인용 문구 목록에서 자주 등장함

일을 잘하는 것보다, 잘하게 만드는 것이 더 어렵다
– 개인의 능력에서 조직의 역량으로의 전환

"그 사람은 일을 참 잘해요."

조직 안에서 자주 듣게 되는 말이다. 개인의 역량을 칭찬하는 데 더할 나위 없는 표현이다. 하지만 이 말 뒤에 따라야 할, 더 중요한 질문이 있다. **"그 사람은 다른 사람도 잘하게 만들 수 있는가?"**

일을 잘하는 사람은 유능한 전문가다. 하지만 다른 사람도 잘하게 만드는 사람은 유능한 **리더**이자 **시스템 설계자**다. 둘은 완전히 다른 존재다. 개인은 일을 '잘할 수' 있지만, 조직은 **'잘하게 만드는 구조'** 없이는 성장할 수 없다.

개인의 유능함은 한계를 갖는다

탁월한 실무자는 경험과 노하우로 문제를 해결한다. 위기가 오면 스스로 나서서 처리하고, 결과를 만들어낸다. 하지만 이 방식은 **확장성(scalability)**이 없다. 그 사람이 없으면 조직은 다시 원점으로 돌아간다.

반면, 일을 잘하게 만드는 사람은 일의 구조를 설계한다. 프로세스를 만들고, 기준을 정하며, 새로운 사람도 일정 수준 이상의 성과를 낼 수 있도록 조직을 정비한다. 사람을 키우고, 지식을 나누고, 실패를 학습으로 바꾸는 구조를 만든다. 그렇게 개인의 능력을 조직의 역량으로 전환시킨다.

리더는 '하는 사람'이 아니라 '되게 하는 사람'이다

진정한 리더는 몇 가지 공통된 특징을 가진다.

첫째, 매뉴얼과 기준을 만든다. 경험이 없어도 일정한 결과가 나오도록 '기준'을 정리한다.

둘째, 지시보다 질문과 피드백으로 구성원을 성장시킨다.

셋째, 실패를 질책이 아닌 학습의 기회로 바꾸는 문화를 조성한다.

넷째, 자신의 노하우를 조직의 자산으로 공유한다. 자신만의 무기를 감추지 않고 함께 성장할 수 있는 도구로 전환한다.

이런 리더는 단지 결과를 내는 사람이 아니라, **결과를 낼 수 있는 조직을 만든다.**

뛰어난 실무자가 반드시 좋은 관리자는 아니다

많은 기업이 공통적으로 겪는 문제는, **일을 잘하는 사람이 승진하면 조직이 오히려 흔들리는 경우**다. 왜일까? 그들은 '자기 손으로 하는 데 익숙한 사람'이기 때문이다.

그러나 관리자가 되면, 일의 본질이 바뀐다.

더 이상 '내가 직접 하는 것'이 아니라, **'남이 잘하게 만드는 것'**이 중요해진다. 이때 필요한 것은 개인의 역량이 아니라, **남을 잘하게 만드는 철학과 구조**다.

진정한 리더는 "내가 했을 때보다, 팀이 했을 때 더 나은 결과"를 설계한다.

한 사람의 잘함이 아니라, 모두의 잘함으로

한 명이 잘하는 조직은 단기적으로 성과를 낼 수 있다. 하지만 모두가 잘하는 조직만이 **지속적으로 성공할 수 있다.**

일을 잘하는 것에서 만족하지 말고, 잘하게 만드는 방식으로 일의 기준을 바꿔야 한다. 그것이 바로 지속가능한 성장의 조건이다.

경영이란, 개인기를 발휘하는 무대가 아니다.

경영은 **구조를 짓는 일이고, 문화를 남기는 일이며,** 다음 세대를 위한 길을 닦는 일이다.

이제 질문을 바꿔야 한다.

"내가 얼마나 잘하고 있는가?"가 아니라,

"내가 떠나도 이 조직은 잘 돌아갈 수 있는가?"로 만들어야 한다.

❏ 일을 잘 맡긴다는 것, 어사노 스스무 저, 김정환 번역, 센시오, 2020년.

제4장 일을 잘 맡기기 위한 5단계 법칙, 일을 맡길 때도 원칙이 있다.

[1단계] 어떤 업무를 맡겨야 할까?

[2단계] 어떤 직원에게 맡겨야 할까?

[3단계] 직원에 대한 기대와 사실을 구별할 줄 아는가?
[4단계] 객관적 상황과 개인의 노력을 구분하는 비결
[5단계] 업무가 끝나면 어떻게 피드백을 할까?
뛰어난 리너늘이 남볼래 하는 행동

제5장 나서야 할 때와 맡겨야 할 때를 정확히 아는 방법
상사는 망각의 동물, 부하 직원은 절대 잊어버리지 않는 동물
능력보다 중요한 건 일관성
감이나 경험만을 고집하다가는 큰일남
정확한 계기판이 있어야 인정받는다
신뢰를 만드는 건 균형 감각이다
일 잘하는 리더로 보이기 위한 핵심포인트 5가지
일을 맡기는 데 서툰 사람으로 보일 수 있는 미묘한 선

화이트칼라의 소멸
– 사무직은 왜 더 이상 안전하지 않은가

한때 화이트칼라는 부와 안정의 상징이었다.

넥타이를 매고 책상 앞에 앉아 일하는 사람은, 땀 흘리는 블루칼라와 달리 지식과 판단의 힘으로 살아가는 사람이라 여겨졌다. 그러나 지금, 그 상징이 흔들리고 있다. 디지털 전환과 인공지능의 발전은 기존의 화이트칼라 업무를 하나씩 대체하고 있으며, 중간지식노동자의 입지는 점점 줄어들고 있다.

기계는 사무실에 먼저 도착했다

기계는 공장보다 먼저 사무실을 잠식하고 있다.

과거 단순 반복 업무는 생산라인의 몫이었지만, 이제는 사무직이 자동화의 최전선에 서 있다. 회계, 총무, 법률, 인사, 번역, 심지어 보고서 작성과 계약 검토까지, 알고리즘과 챗봇, RPA(Robotic Process Automation)는 이미 널리 활용되고 있다.

사람이 해야 했던 단순 사고, 정형화된 업무, 반복되는 판단은 기계에게 맡겨지고 있다.

AI는 빠르고, 쉴 틈이 없으며, 실수하지 않는다.

그리고 그것은 우리가 익숙했던 '화이트칼라의 일'이었다.

블루칼라의 부활과 중간층의 위기

아이러니하게도, 대체불가능한 노동은 사무직이 아니라 현장직이다.

건축 현장의 기술자, 병원의 간병인, 전기·설비 기술자와 같은 **'손으로 일하는 사람들'**은 오히려 희소가치를 지닌다.

반면, 회의용 자료를 정리하고, 관리시스템을 입력하며, 보고서를 요약하는 업무를 담당하는 중간급 사무직은 기계에게 밀려나고 있다.

이른바 **"중간지식노동자(Mid-Skill Knowledge Worker)"**가 가장 큰 위협을 받고 있다.

그들은 과거에는 시스템 위에서 움직였지만, 지금은 그 시스템 자체가 스스로 돌아가고 있다.

살아남는 사람은 누구인가

이제 필요한 질문은 단 하나다.

"기계가 할 수 없는 일을 나는 하고 있는가?"

살아남는 화이트칼라는 단순히 '문서를 작성하는 사람'이 아니라,

'무엇을 써야 할지 결정하고, 그 의미를 조직과 연결할 줄 아는 사람'이다.

살아남는 사람은

- 데이터를 단순히 분석하는 사람이 아니라, **통찰하는 사람**이고
- 프로세스를 따르는 사람이 아니라, **설계하는 사람**이며
- 일의 조율자가 아니라, **철학과 방향을 제시하는 사람**이다.

소멸이 아닌, 진화의 기회로

'화이트칼라의 소멸'은 곧 '화이트칼라의 진화'로 이어질 수 있다.

AI 시대의 화이트칼라는 더 이상 '정보를 많이 아는 사람'이 아니라,

'정보를 연결하고 판단할 줄 아는 사람',

'기계가 할 수 없는 감정과 관계를 조율할 줄 아는 사람'이다.

즉, **판단, 설계, 의미 부여, 통합적 사고**의 역량이 요구된다.

이는 개인에게는 새로운 성장의 기회이고, 기업에게는 조직구조와 인재상을 다시 그릴 기회다.

그리고 사회 전체로는, 노동에 대한 정의와 가치관을 재정립할 수 있는 전환점이 될 수 있다.

결론: 통찰이 남는다

화이트칼라의 종말은 단순한 사무직의 소멸이 아니다.

이는 "지시대로 일하는 사람"에서 "의미를 해석하고 방향을 제시하는 사람"으로 진화하라는 시대의 요구다.

기계는 빠르고 정확하지만,
무엇이 중요한지를 정할 수는 없다.
앞으로의 시대는 '정보'보다 '통찰'이 중요하다.
그리고 그 통찰을 가진 자민이 화이드칼라의 미래를 열 수 있다.

❑ 『화이트칼라(White Collar, The American Middle Classes)』
  찰스 라이트 밀스(C. Wright Mills),
  – 미국의 화이트칼라 계급, 중산층 구조 변화 등을 분석한 사회학 고전. "화이트칼라"라는 개념에 대한 사회학적 기반을 형성한 책으로, "화이트칼라의 소멸" 담론의 사전적 맥락 제공.

화이트칼라의 소멸(ホワイトカラー消滅): 우리는 일하는 방식을 바꾸어야 하는가(私たちは働き方をどう変えるべきか), 토미야마가즈히코(冨山 和彦), NHL출판(NHK出版), 2024년

책은 반복해서 "막연히 사무직에 몸을 두고 있는" 사람들의 갈 곳이 점점 좁아진다고 경고한다. 자료 정리, 회의 준비 같은 일상적인 업무는 DX와 AI가 가장 쉽게 대체할 수 있는 영역이다. 오래된 대기업의 중간 관리직은 겉보기엔 안정적으로 보이지만, 조직 구조가 바뀌면 가장 먼저 타격을 받기 쉬운 위치다. 실제로 유명 기업에서 중·고령층의 조기 퇴직과 구조조정이 일상화된 현실이 이를 증명한다. 현장에 가까운가, 경영을 움직일 수 있는가, 전문성을 갖췄는가 —어떤 무기가 없으면 살아남기 힘들다.

기술을 전략으로 바꾸는 것이 경영이다
- 기술은 시작일 뿐, 그것을 쓰임새로 만드는 것이 리더의 일이다

기술은 세상을 바꾼다. 그러나 기술 그 자체로 세상이 바뀌지는 않는다. 기술이 진정한 변화를 일으키려면, 그것이 **어디에, 어떻게, 누구를 위해** 사용될 것인가에 대한 전략이 필요하다. 기술은 도구에 불과하고, 그 도구를 목적에 맞게 활용하는 힘이 바로 경영자의 몫이다. "기술을 전략으로 바꾸는 것"이란 결국 기술을 삶의 문제 해결로 연결하고, 시장의 언어로 번역하는 과정이다.

기술이 중심이던 시대는 이미 지났다. 이제는 **전략이 기술을 이끈다.** 인공지능이 아무리 발전해도, 그것이 의료, 금융, 교육 등 구체적인 맥락에서 어떻게 가치를 만들어내는지 모른다면 경쟁력은 생기지 않는다. 기술의 성패는 개발 단계에서가 아니라, 시장에서의 '활용 설계' 단계에서 갈린다.

예를 들어, 같은 음성인식 기술이라도

- 스마트폰에 적용되면 '편의성'이 되고,
- 병원에 적용되면 '환자 중심 진료'가 되며,
- 노인 돌봄 로봇에 들어가면 '케어 혁신'이 된다.
  기술의 본질은 같지만, 전략적 해석에 따라 전혀 다른 가치로 변한다.

많은 스타트업과 연구개발 조직이 실패하는 이유는 기술력이 부족해서가 아니다. 기술을 **어디에 쓸지에 대한 명확한 전략이 없기 때문**이다. 시장의 타이밍, 고객의 맥락, 수익 모델의 구조를 읽지 못하면 아무리 뛰어난 기술도 무용지물이 된다. 경영자는 기술의 스펙보다 "이 기술이 누구의 문제를 어떻게 해결하는가"를 먼저 물어야 한다.

기술 중심에서 전략 중심으로 전환한 기업들은 이 원리를 증명했다.

애플(Apple)은 기술을 '보여주는' 대신 사용 경험으로 '느끼게' 만든다. 터치스크린, 생체 인식, 음성비서는 기술이 아니라 **라이프스타일 플랫폼의 구성 요소**가 되었다.

넷플릭스(Netflix)는 단순한 스트리밍 기술을 넘어 AI 알고리즘을 콘텐츠 전략으로 연결해 세계 최대의 미디어 제국을 세웠다.

현대자동차는 전기차 기술을 '제품'이 아니라 '미래 모빌리티 생태계'로 확장시키며 산업의 패러다임을 바꾸고 있다.

이들 기업은 기술보다 전략을, 기능보다 맥락을 보았다. 기술이 전략으로 번역될 때 비로소 **경영이 작동하고 시장이 움직인다.**

결국 기술은 가능성이고, 경영은 그 가능성에 방향을 부여하는 일이다. 기술을 확보하는 것은 출발점이고, 그것을 고객 가치와 수익 모델로 바꾸는 것은 도착점이다. 이 여정을 설계하는 사람이 바로 경영자다. 기술이 전략이 되는 순간, 그것은 단순한 도구가 아니라 살아 있는 자산이 된다.

　기술의 흐름을 읽고, 쓰임의 맥락을 설계하며, 그것을 기업의 비전으로 연결하는 힘 — 바로 이것이 **진짜 경영자의 통찰력**이다.

1. Apple: 기술 → 생태계 / 플랫폼 전략
   - "Software as strategy in Apple's platform ecosystem"
     First Monday 저널 논문으로, Apple의 소프트웨어 (infrastructural software)가 어떻게 비즈니스 플랫폼 역학에 영향을 주는지 분석.

2. Netflix: 추천 알고리즘 → 콘텐츠 전략
   - "The Netflix Recommender System: Algorithms, Business Value, and Innovation"
     Netflix의 추천 시스템 알고리즘과 그것이 어떻게 비즈니스와 전략에 기여하는지를 다룬 논문.

3. 현대자동차: 기술 → 모빌리티 전략 전환
   - "The Transformation of Hyundai Motor Company to a 'Big Three American Automobile Company'"
     현대자동차가 기술 중심 이미지를 넘어 미래 모빌리티 생태계 중심 전략으로 변화한 과정을 분석한 보고서

관리자 없는 조직, 미래는 어떻게 작동하는가?

"승진은 사라지고, 역할이 남는다."

4차 산업혁명 시대, 우리는 단순히 새로운 기술과 산업의 변화를 목도하는 것이 아니라 조직의 근본 구조가 뒤바뀌는 전환의 시대에 서 있다. 특히 위계적 구조를 탈피한 **관리자 없는 수평 조직**, 즉 '홀라크라시(Holacracy)'와 같은 자율 경영 방식이 확산되고 있다. 이것은 단지 경영 철학의 전환이 아니라, 조직의 생존방식 자체를 바꾸는 혁명이다.

'관리 없는 조직'이 제기하는 질문

오늘날 대부분의 기업은 전통적인 피라미드형 구조를 갖고 있다. CEO를 정점으로 수직적으로 계층화된 이 구조는 산업화 시대에 생산성과 통제를 높이기 위해 진화해온 결과다. 그러나 지금은 AI, 자동화, 네트워크 기반 플랫폼이 중심이 된 시대. **정답보다 문제 정의 능력, 지시보다 협업, 통제보다 창의성**이 요구되는 환경에서는 위계적 구조가 오히려 속도를 늦추고 있다.

그렇다면 관리자가 없는 조직은 무엇으로 운영되는가?
'역할(Roles)'과 '서클(Circle)'이다. 브라이언 로버트슨이 개발한 '홀라크라시'는 사람 중심이 아닌 역할 중심으로 조직을 재설계한다. 사람은 역할을 수행할 뿐, 그 자체로는 권위나

직책을 갖지 않는다. 권한은 특정 직위에서 부여되는 것이 아니라, 그가 맡은 역할과 과업의 목적에서 비롯된다.

자포스의 실험: 권위의 해체와 자율의 실험

미국 온라인 유통기업 자포스(Zappos)는 이 실험의 대표 사례다. 창업자 토니 셰이는 "창업 초기의 자율성과 창의성을 유지하기 위해 관리자의 존재를 없애고, 모든 구성원이 스스로를 경영하는 조직으로 전환한다"고 선언했다. 이에 따라 일부 **직원이 회사를 떠났다.** 그러나 나머지 구성원은 새로운 체계에 적응하며 여전히 자포스를 미국의 대표적인 혁신 기업으로 유지하고 있다.

이 사례는 중요한 통찰을 제공한다. **모든 사람에게 자율 조직이 적합한 것은 아니다.** 기존의 승진 구조, 명확한 위계, 상사로부터의 평가에 익숙한 이들에게 홀라크라시는 불확실성과 책임의 증폭처럼 보일 수 있다. 그러나 변화의 속도가 빨라지고, 경계가 흐려지는 오늘날의 비즈니스 환경에서 **관리 없는 조직은 하나의 대안이 아닌 '필연적 진화'**일 수 있다.

위계가 사라질 때, 동기부여는 어떻게 작동하는가?

전통적 조직에서는 '직위 상승'이 중요한 동기부여 요소였다. 그러나 역할 중심의 수평 조직에서는 **성장의 개념이 달라진다.**

- '승진' 대신 '역할 확장'
- '지시' 대신 '의사결정 참여'
- '성과 평가' 대신 '기여 기반의 피드백'

즉, 조직의 상층으로 올라가는 것이 아니라, 조직 내에서 수평으로 확장되는 것이 개인 성장의 기준이 된다.

이와 함께 새로운 보상 방식, 학습 시스템, 리더십 정의도 동반되어야 한다. 리더는 지시하는 사람이 아니라 '질문을 던지고 맥락을 제시하는 존재'로 바뀐다. 이는 최근 국내 대기업들이 애자일(Agile) 조직을 도입하고 '관리자 없는 팀'을 실험하고 있는 흐름과도 일치한다.

결론: 미래 조직, 통제를 버리고 신뢰를 선택하다

홀라크라시는 완성된 모델이 아니다. 여전히 많은 기업이 이 모델을 부분적으로만 채택하거나, 도입 후 후퇴하기도 한다. 그러나 중요한 점은 미래의 조직은 더 이상 '명령과 통제'가 아니라 '자율과 맥락'으로 운영되어야 한다는 믿음이 확산되고 있다는 사실이다.

관리자가 없는 조직은 혼란스러워 보일 수 있다. 그러나 정확히 정의된 역할, 명확한 목적, 신뢰 기반의 문화가 자리잡힌다면, 그것은 유연성과 창의성이 꽃피는 이상적인 조직이 될 수 있다.

❑ 홀라크라시, 브라이언 J. 로버트슨 저, 홍승현 번역, 흐름출판, 2017년.

홀라크라시의 조직은 우리 몸이 움직이는 시스템과 같다. 인간의 몸은 하향식 명령 체계가 아니라 분산체계, 즉 몸 전체에 분산된 자율적이며 자기조직화된 독립체들의 네트워크를 통해 효율적으로 작동한다. 그런데 만약 뇌가 모든 정보를 중앙집중적으로 처리한다면 몸이 제대로 작동할 수 있을까? 예를 들어, 질병을 감지한 백혈구가 뇌에 정보를 보내고 항체 생성 과정을 공식적으로 승인받기 위해 기다려야 한다면 어떤 결과가 나타날까? 이런 방식이라면 몸이 제대로 기능하지 못할 것이다. 그런데 아이러니하게도 우리는 우리가 속한 조직이 이런 식으로 작동하기를 바란다. - [보스가 없는 조직] 중에서

조직 운영, 고전에서 길을 찾다
- 오래된 지혜는 오늘의 조직을 새롭게 한다

경영 환경이 하루가 다르게 바뀌는 시대다. 변화와 속도, 기술과 데이터, 혁신이라는 말이 매일같이 조직의 방향을 흔든다. 그러나 변화 속에서도 변하지 않는 것이 있다. 그것은 바로 '사람이 중심이다'라는 사실이다. 고전이 다시 주목받는 이유는 여기에 있다. 수천 년 전, 인간과 공동체를 깊이 들여다본 동양의 고전 속 문장들이 오늘날 조직 운영과 경영 전략의 본질을 여전히 꿰뚫고 있기 때문이다.

공자는 말했다. "군자는 조화를 이루되 같아지려고 하지 않는다." 이는 다양성이 곧 조직의 에너지라는 메시지다. 회의에서 모든 의견이 같다면 그것은 조화가 아니라 침묵일 수 있다. 오히려 충돌 속에 배려가 있고, 차이 속에 통찰이 있으며, 각자의 시선이 존중받는 조직이 창의성을 꽃피운다. 리더는 무조건적인 일치를 추구하기보다는, 이질성을 포용하고 갈등을 생산적으로 이끄는 조율자로 서야 한다.

손자는 "상대를 알고 나를 알면 백 번 싸워도 위태롭지 않다"고 했다. 경쟁 시장에서 살아남는 조직은, 외부의 위협만이 아니라 내부의 민낯까지 냉철하게 들여다보는 조직이다. 경쟁사의 기술 동향뿐 아니라, 우리 조직의 병목지점, 사람들의 피로도, 리더의 한계까지 아는 것이 전략의 시작이다.

노자는 말했다. "큰 나라를 다스리는 것은 작은 생선을 굽는 것과 같다." 조직이 커질수록 관리와 간섭도 비대해지기 쉽다. 그러나 리더는 매일 보고를 받고 지시를 내리는 사람이 아니라, 스스로 움직이게 만드는 환경을 설계하는 사람이다. 억지로 조종하려 하지 않고, 방향만 제시하고 흐름을 따라가는 것. 바로 '무위이치'의 리더십이다.

맹자는 "하늘이 큰 임무를 내리려 할 때는 그 사람의 의지를 먼저 괴롭게 한다"고 했다. 위기의 순간, 조직은 흔들리지만 리더는 흔들리지 말아야 한다. 이때 고전은 속삭인다. 이것은 지나가는 고통이 아니라, 준비되지 않은 상태에서 준비된 상태로 넘어가기 위한 성장통이라고. 리더는 위기를 두려워하기보다 내면을 정비하고 한 걸음 물러나 전체를 보는 지혜를 길러야 한다.

이렇듯 고전은 단지 책 속의 언어가 아니라, 오늘을 살아가는 리더에게 행동의 기준이자 사유의 기준이 되어준다. 회의실에 놓인 전략 보고서보다 한 줄의 명언이 마음을 움직이고, 복잡한 매뉴얼보다 단단한 철학이 위기를 버티게 한다.

조직은 사람으로 이루어진다. 사람은 본질적으로 질문하는 존재다. 무엇이 옳은가, 어떻게 살아야 하는가. 이 물음 앞에서 고전은 말한다. 오래된 문장 속에 미래의 경영이 담겨 있다고.

그러므로 조직 운영에 있어 고전을 되살린다는 것은, 과거로의 회귀가 아니라 미래를 위한 통찰을 되찾는 일이다. 유행은 사라지지만, 원칙은 남는다. 경영자는 책장에서 먼지를 털고, 고전의 문장을 오늘의 경영 언어로 다시 읽어야 한다. 거기에 조직의 근본이 있다. .

『논어』 자로편 23장, "군자는 화합하되 같지 않고(君子和而不同), 소인은 같아지려 하되 화합하지 않는다(小人同而不和)"
《손자병법》 모공(謀攻)편, **상대방**과 자신의 상황에 대하여 자세히 **알**고 있으면 아무리 **싸워도** 위태로울 것이 없다.(知彼知己 百戰不殆)
〈도덕경〉 제60장, 큰 나라를 다스리는 것이 작은 생선을 굽는 것과 같다.(治大國 若烹小鮮)
맹자, 고자하, "하늘이 큰 임무를 내리려 할 때는 그 사람의 의지를 먼저 괴롭게 한다.(必先苦其心志. 勞其筋骨)

팀 정렬이 만드는 강한 조직

팀이 하나의 목표를 향해 움직일 때, 조직은 진정한 힘을 발휘하게 된다. '정렬'이란 단어는 기계에서 부품 간 중심을 맞춰 효율을 극대화하는 작업에서 비롯되었다. 자동차의 바퀴가 제대로 정렬되지 않으면 어느 방향으로 가고 있는지도 모른 채 소모적인 에너지만 낭비하듯, 조직 또한 구성원 간 목표와 의사소통이 어긋난다면 아무리 열심히 일해도 성과는 요원하다. 팀 정렬은 바로 그 조직의 방향을 통일시키고, 구성원 모두가 같은 중심축 위에 서 있도록 돕는 핵심 개념이다.

정렬이 되지 않은 조직은 고장 난 시계처럼 어긋난 톱니바퀴를 돌리게 된다. 누가 무슨 일을 맡고 있는지 명확하지 않고, 회의는 끝없이 반복되며, 마감일은 자꾸만 늦춰진다. 우선순위는 매번 바뀌지만 이유를 아는 사람은 없다. 이런 상황에서는 당연히 프로젝트가 중복되고, 팀원 간 정보는 단절되며, 기대 이하의 결과만이 반복된다. 그러나 이 모든 결과가 사람들의 노력이 부족해서가 아니라, 서로 엇갈린 방향에서 제각기 열심히 달리고 있기 때문이다.

빠르게 성장하는 조직일수록 '더 많은 시간'이 아니라 '더 정확한 방향'을 찾기 위해 정렬에 집중한다. 새로운 아이디어가 조직 내에서 추진력을 얻기 위해서는 기존 업무와의 충돌을 줄이고, 구성원 모두가 그 아이디어의 목적과 가치에 공감할 수 있어야 한다. 이때 필요한 것이 바로 팀 정렬이다. 구성원 각자가 자기 일만 하는 것이 아니라, 그 일이 어떻게 조직 전체의 목표와 연결되는지 이해하고, 그 이해를 바탕으로 조율과 협업이 이루어져야 한다.

정렬은 단순히 커뮤니케이션의 문제가 아니다. 이는 조직 설계와 인사 전략(HR)의 깊은 정합성과 연결된다. 특히 유연조직화나 매트릭스 구조와 같은 현대적 조직에서 팀 정렬은 더욱 복잡하고 정교한 설계를 요구한다. 각 사업부에서 인재를 어떻게 확보하고, 어떻게 운영하며, 평가와 보상에 어떤 기준을 둘 것인가는 모두 팀 정렬의 설계와 직결된다. 조직이 성장단계를 거치며 직면하는 다양한 인사 이슈도 결국은 전략-조직-HR 간의 정렬 정도에 따라 그 해법이 달라진다.

오늘날의 기업은 속도를 위해 정렬을 희생해서는 안 된다. 정렬은 조직의 내부 리듬을 맞추고, 그 리듬이 외부의 변화와 부딪힐 때 흔들리지 않도록 해준다. 팀 정렬은 구성원 간의 연결을 강화하고, 조직 전체를 하나의 생명체처럼 유기적으로 움직이게 한다. 방향이 같아야 힘이 모인다. 팀 정렬은 바로 그 조직의 생존과 혁신을 위한 필수 구조이며, 강한 조직의 필연적 전제이다.

❑ 얼라인먼트 정렬, 로버트 S.캐플란, 데이비드 P.노튼 저,
   웨슬리퀘스트 번역, 21세기북스, 2007년.

본사와 하위 조직의 권한과 책임의 명확화, 전사와 사업부간 전략의 정렬, 일선 사업부와 지원부서간 전략의 정렬, 외부와의 정렬(고객, 공급자), 이사회와의 정렬이 종합적으로 다루어져야 한다. 그리고 조직의 정렬 수준을 모니터링하기 위해 조직 정렬 맵(Alignment map)의 도구를 활용함으로써 전략중심 조직의 완성과 전략실행력 극대화를 이끌어낼 수 있다.

기업이 사업 및 지원부서 전반에 걸쳐 시너지를 창출하기 위해서는 정렬이 필수적이다. 기업은 전략체계도와 BSC에 기반은 둔 새로운 성과측정과 관리체계를 통해 조직을 정렬하고, 정렬의 효과를 확보할 수 있다.

제6장

철학: 삶과 경영

경영이란 결국 사람과 세상을 이해하는 일이다. 칼바람이 불어야 봄바람이 온다. 실패는 자산이 될 수 있다. 외형은 작아지고 개인은 커진다. 변화는 예측이 아니라 감각이다. 내공은 독서와 여행, 성찰에서 만들어진다. 정보보다 중요한 건 해석이고, 해석보다 중요한 건 관점이다. 언어의 한계는 세계의 한계를 만든다. 리더는 정보를 전달하는 사람이 아니라 의미를 해석하는 사람이다. 시간을 알려주기보다, 시계를 만들어주는 사람이 되라. 이는 단순한 경영을 넘어선 철학이다. 그래서 진정한 리더십은 '삶의 철학'과 닿아 있다.

목 차

- ❖ 칼바람이 불면 그 끝은 봄바람이다
- ❖ 실패를 자산으로 만드는 기업
- ❖ 안전하다는 것이 때론 가장 위험한 선택이다
- ❖ 개인은 커지고 조직은 작아진다
- ❖ 죽은 세포가 나무의 장수에 기여한다
- ❖ 내공은 독서와 여행으로 완성된다
- ❖ 현상은 복잡하나 법칙은 단순하다
- ❖ 검색, 사색, 탐색
- ❖ 시간 알려주지 말고 시계를 만들어줘라
- ❖ 다름은 표현하고 나음은 증명하라
- ❖ 언어의 한계는 세계의 한계이다

칼바람이 불면 그 끝은 봄바람이다
- 시련은 끝내 희망으로 이어진다

겨울의 바람은 매섭다. 뼈를 에는 칼바람은 사람을 움츠리게 하고, 길가의 나무까지 얼어붙게 만든다. 그러나 아무리 차가운 겨울바람도 영원히 계속되지는 않는다. 계절이 바뀌면 결국 부드러운 봄바람이 불어오고, 얼어붙었던 땅은 다시 생명을 틔운다. 자연의 순환이 그렇듯, 인간의 삶과 조직의 역사에서도 고통의 시기는 반드시 끝이 있고, 그 자리에 새로운 시작이 찾아온다.

우리가 겪는 시련은 그 순간에는 마치 영원히 지속될 것처럼 느껴진다. 실패와 좌절, 조직의 위기, 개인적 상실은 끝이 보이지 않는 추위와 같다. 그러나 지나고 나면 그 어떤 위기도 영원히 머무른 적은 없었다. 칼바람 같은 시간은 우리를 단단하게 만들고, 때로는 다른 길로 나아가게 하는 계기가 된다. 오히려 혹독한 시간은 내면의 뿌리를 깊게 내려 보이지 않는 성장을 준비하게 한다.

겨울이 나무의 잎을 모두 떨어뜨려 겉으로는 황량해 보이지만, 그 시간 속에서 나무는 봄을 위한 힘을 비축한다. 삶과 조직도 마찬가지다. 위기의 시기에는 불필요한 것을 덜어내고, 진짜 필요한 것만 남겨야 한다. 그렇게 다져진 본질과 힘이 있어야 따뜻한 바람이 불어올 때 도약할 수 있다.

리더에게 중요한 역할은 바로 이 지점에 있다. 지금은 칼바람이 불지만 반드시 봄바람이 온다는 믿음을 구성원들에게 심어주는 것이다. 절망 속에서도 희망의 불씨를 꺼뜨리지 않도록 관리하는 것, 그것이야말로 리더십의 본질이다. 진짜 리더는 봄바람이 불기를 기다리는 사람이 아니라, 칼바람 속에서도 이미 봄을 준비하는 사람이다.

칼바람은 누구에게나 두렵고 아프다. 그러나 그 추위가 있어야 봄바람의 따뜻함을 알 수 있고, 그 고통 속에서 새로움은 움튼다. 삶도, 경영도, 사회도 다르지 않다. 지금이 아무리 힘든 시기라 해도, 칼바람은 언젠가 반드시 봄바람으로 바뀐다. 이 믿음이 우리를 버티게 하고, 또다시 앞으로 나아가게 한다.

칼바람은 고통이지만, 그 끝은 언제나 봄바람이다.

❑ 중국 고전
- 『역경(易經)』에 "궁즉변(窮則變), 변즉통(變則通), 통즉구(通則久)"라는 말이 있다.
  → "궁하면 변하고, 변하면 통하며, 통하면 오래 간다."
  이는 어려움이 반드시 새로운 길을 열고, 결국 번영으로 이어진다는 뜻으로 "칼바람 뒤 봄바람"의 사상적 뿌리와 연결된다.

- ❑ 한비자(韓非子)
  - 『한비자·해로(解老)』에서는 자연의 변화 속에서 위기와 기회가 순환한다는 사유가 드러난다.
  - 직접적인 표현은 없지만, **고난(嚴寒)** 뒤 **풍요(溫和)**가 찾아온다는 통치론적 해석 가능.

- ❑ 서양 속담
  - "After the storm comes the calm." (폭풍 뒤에 고요가 온다.)
  - "Winter always turns to spring." (겨울은 반드시 봄으로 바뀐다) — 불교/SGI(창가학회) 문헌에서도 자주 인용

실패를 자산으로 만드는 기업
- 넘어짐을 기록하고 공유하는 조직이 강하다

기업은 성공의 사례만을 자랑하고 싶어 한다. 그러나 진짜 강한 조직은 성공보다 실패의 기록을 더 소중히 여긴다. 왜냐하면 **실패는 조직이 지불한 비용이며, 그 비용을 자산으로 전환하지 못하면 단순한 손실로 끝나기 때문**이다.

실패를 자산화한다는 것은 잘못된 의사결정, 무너진 프로젝트, 기대에 못 미친 성과를 감추지 않고 드러내는 것에서 시작된다. 실패를 기록하고 분석하며, 조직 전체가 배울 수 있는 체계를 갖추는 순간 실패는 더 이상 낭비가 아니다. 오히려 다음 도전을 위한 **지식 자본**이 된다.

실리콘밸리의 기업들이 실패를 빠르게 공유하고 축적하는 이유도 여기에 있다. "Fail fast, learn faster(빨리 실패하고, 더 빨리 배우라)"는 문화는 단순한 구호가 아니다. 실패의 경험을 개인이 아닌 조직의 자산으로 전환하기 때문이다. 같은 실수를 반복하지 않게 하고, 새로운 시도의 리스크를 줄이며, 무엇보다 조직 전체의 학습 속도를 높인다.

문제는 많은 기업이 실패를 감추려 한다는 점이다. 실패는 책임 추궁의 대상이 되고, 보고서는 서랍 속에 묻히며, 담당자는 인사상 불이익을 받는다. 이런 환경에서는 직원들이 위험을 감수하려 하지 않고, 결국 **혁신은 멈춰 버린다.** 실패를 자산으로 전환하는 것이 아니라, 두려움과 침묵의 비용만 쌓아 가는 것이다.

반대로 실패를 자산으로 삼는 기업은 다르다. 실패 사례를 데이터베이스화해 누구나 접근할 수 있게 하고, 프로젝트 리뷰 미팅에서 실패 과정을 조직적으로 공유하며, 이를 토대로 매뉴얼과 프로세스를 끊임없이 개선한다. 이때 리더는 책임자를 탓하기보다 **조직 차원에서 무엇을 배웠는가**를 묻는다. 실패의 경험이 누적되면, 기업은 마치 살아 있는 학습체계처럼 스스로 진화하게 된다.

실패 없는 기업은 없다. 그러나 실패를 자산으로 만드는 기업만이 오래 살아남는다. 실패를 숨기는 기업은 같은 실수를 반복하며 고립되고, 실패를 축적하는 기업은 그 실패 위에 다음 성공을 쌓아 올린다.

실패는 비용이 아니라 자산이다.
기업이 해야 할 일은 실패를 두려워하지 않는 문화와, 실패에서 배우는 시스템을 만드는 것이다. 이때 비로소 실패는 낭비가 아니라 미래를 여는 투자로 남는다.

안전하다는 것이 때론 가장 위험한 선택이다
- 안정에 머무른 기업은 결국 위기에 휩싸인다

기업 경영에서 가장 흔한 유혹은 "지금이 안전하다"는 생각이다. 현 상태가 유지되고, 시장 점유율이 확보되며, 고객의 불만이 크지 않을 때, 기업은 스스로 안도한다. 그러나 역설적으로, 그 순간이야말로 가장 큰 위험이 숨어 있는 시점이다. 변화 없는 안전은 곧 정체이고, 정체는 빠르게 변화하는 시장에서 곧 몰락으로 이어진다.

많은 기업이 '안정적'이라는 이유로 혁신을 미루었다가 위기를 맞았다. 카메라 필름의 왕국이던 코닥은 디지털 기술을 일찍 보유하고도 기존 사업을 지키려다 시장을 놓쳤다. 노키아 역시 휴대전화 시장에서 압도적 1위였지만, "현재 방식이 가장 안전하다"는 판단이 미래를 가로막았다. 이처럼 **기업이 가장 위험할 때는 위기 속이 아니라, 안전 속에서 혁신을 멈출 때**다.

기업 차원에서 '안전'은 종종 **리스크 회피, 현상 유지, 단기 성과에 안주하는 태도**로 나타난다. 하지만 시장은 끊임없이 움직이고 고객의 기대는 높아진다. 오늘의 안정은 내일의 위기 요인이 된다. 오히려 불확실성을 감수하고 실험하며, 작은 실패를 관리하는 편이 장기적으로 훨씬 안전하다.

따라서 기업에게 필요한 것은 '위험 없는 안전'이 아니라,

원칙 있는 도전이다. 새로운 기술, 시장, 파트너십에 대한 투자가 단기적으로 불안할 수 있지만, 그것이야말로 장기적으로 조직을 지탱하는 안전망이 된다. 내부적으로도 마찬가지다. 인재 육성과 조직문화 혁신은 당장은 비용처럼 보이시만, 미래 위기를 예방하는 가장 강력한 투자다.

리더십의 역할은 조직이 단기적 안도에 빠지지 않도록 끊임없이 질문을 던지는 것이다. "우리는 지금 어디에 안주하고 있는가?", "이 안정감이 혹시 미래를 위협하는 함정은 아닌가?"를 물어야 한다. 안전을 추구하되, 그것이 혁신의 부재로 이어지지 않게 하는 것이 리더의 책임이다.

기업 경영의 아이러니는 이것이다. **안전함을 고집하는 선택이 오히려 가장 위험한 선택이 될 수 있다는 사실**. 반대로 불확실성과 도전을 감수하는 기업이야말로 진짜로 안전한 미래를 가진다.

1. 하버드 비즈니스 리뷰(HBR) – *Failure as an Asset* 관련 논문
   - Amy C. Edmondson, 「Strategies for Learning from Failure」 (HBR, 2011)

   실패는 단순히 피해야 할 것이 아니라, 학습과 혁신을 촉진하는 자산이 될 수 있다.
   → 실패를 통해 조직은 개선·혁신 역량을 축적할 수 있다는 주장.
   - HBR의 다양한 기고문에서 "Fail Fast, Learn Fast" 철학을

강조하며 실패의 자산화(frameworking failure as an asset)를 경영 전략으로 제시.

2. 에이미 에드먼슨(Amy Edmondson) - 『두려움 없는 조직(The Fearless Organization, 2018)』
   - 조직이 실패를 숨기면 학습이 불가능하고, 실패를 공유해야만 그것이 **집단 지식(organizational learning)**으로 전환된다.
   - 실패를 심리적 안전감(psychological safety) 속에서 다루는 문화 → 자산화.

3. 에릭 리스(Eric Ries) - 『린 스타트업(The Lean Startup, 2011)』
   - 실패는 낭비가 아니라 **피벗(pivot)**과 학습을 가능케 하는 자원.
   - "Validated Learning" 개념
     → 실패한 시도가 곧 데이터 자산.

4. 기업 사례
   - Google X (Moonshot Factory): "Fail fast, fail cheap"
     → 빠른 실패를 통해 학습을 극대화.
   - Toyota: 문제 발생 시 '안전하게 실패'를 허용하는 문화
     → 카이젠(改善)의 기반.
   - IDEO: 디자인 씽킹에서 실패는 아이디어 개선의 핵심 요소.

개인은 커지고 조직은 작아진다
- 권력의 중심이 조직에서 개인으로 이동하는 시대

산업화 시대에는 거대한 조직이 곧 힘이었다. 자본과 공장을 가진 회사, 수천 명의 인력을 거느린 기업이 시장을 지배했다. 그러나 디지털 네트워크와 플랫폼 경제가 일상이 된 오늘, 그 무게 중심은 점점 바뀌고 있다. **조직의 힘은 작아지고, 개인의 영향력은 커지고 있다.**

이제 한 명의 창작자, 개발자, 유튜버, 인플루언서가 수백만 명의 고객에게 직접 다가간다. 과거라면 수십 개 부서와 막대한 자본이 필요했던 일이, 개인의 재능과 디지털 도구만으로 가능해졌다. 심지어 스타트업조차 창업자의 개인 브랜드에 의해 평가되고 투자받는다. 다시 말해, **조직이 키우는 시대에서 개인이 조직을 선택하는 시대**로 바뀌고 있다.

기업이 간과해서는 안 될 사실은, 이 변화가 단순한 유행이 아니라 구조적 흐름이라는 점이다. 인공지능과 자동화가 많은 업무를 대체하면서, 조직은 과거처럼 "사람을 많이 고용한 것"을 자산으로 삼을 수 없다. 오히려 조직의 힘은 특정 개인의 창의성, 문제 해결 능력, 독창적 네트워크에서 나온다. **한 명의 탁월한 인재가 과거 수십 명의 생산성을 대체하는 시대**가 이미 도래한 것이다.

이 흐름 속에서 기업의 과제는 분명하다. **조직을 작게, 유연**

하게 만들고, 개인의 힘을 크게 키워주는 것이다. 관료주의적 구조와 위계는 개인의 잠재력을 가두는 올가미에 불과하다. 반면 권한을 위임하고, 성과를 공정하게 인정하며, 자율과 책임을 동시에 부여하는 문화는 개인을 성장시키고 동시에 조직을 강하게 만든다.

결국 기업의 경쟁력은 '조직의 규모'가 아니라 '개인의 역량 총합'이다. 리더는 더 이상 개인을 조직에 맞추려 해서는 안 된다. **조직이 개인의 성장을 지원하는 플랫폼이 되어야 한다.** 개인이 커지는 시대에, 조직은 더 단순하고 민첩해야 한다.

조직은 줄이고 개인은 키워라. 이것이야말로 기업이 생존하고 성장하는 가장 현실적인 전략이다. 개인이 커지고 조직이 작아지는 흐름 속에서, 진정한 승자는 개인의 힘을 존중하고 키우는 기업일 것이다.

❑ *시대예보: 핵 개인의 시대*, 송길영, 마인드 마이너,
- 기존의 권위 중심, 집단 중심 사회 체계가 와해되고, 핵 개인(nuclear individual)이라는 새로운 존재 단위가 중심이 되는 시대가 올 것임을 전망
- 핵 개인이란, 조직이나 집단의 울타리에 의존하지 않고 자신의 삶을 설계하고 결정해 나가는 개인
- 이 책에서는 "학벌 인플레이션, 돌봄 과도기, 투명 사회, 효도의 종말, 이연된 보상" 등 사회적 변화 요소들을 분석함

- 또한 미래 시대의 트렌드 키워드로 "5분 존경 사회, AI 동료, 권위자와의 직거래, 마이크로 커뮤니티, 미정산 세대" 등을 제시

❏ 『프리 에이전트 네이션(Free Agent Nation)』 다니엘 핑크 (Daniel H. Pink), 2001.
  - 개인이 조직에 소속되지 않고 스스로 일하는 **프리 에이전트**(free agent) 시대 도래를 강조.
  - "조직은 작아지고, 개인은 커진다"는 현재 담론과 가장 가까운 초기 버전.

❏ 매킨지 보고서 (McKinsey Global Institute, 2016)
  - 『Independent Work: Choice, Necessity, and the Gig Economy』
  - 글로벌 인력 중 약 20~30%가 **자영업·플랫폼 노동** 등으로 활동.
  - 기업 고용 구조가 작아지고, 개인이 경제적 단위로 커지고 있다는 데이터 제시.

❏ 『The Future of Work』 토머스 말론(Thomas W. Malone), 2004.
  - 정보기술 발달로 중앙집권 조직은 축소되고, **분산형 자율조직 + 강화된 개인 단위**가 핵심이 될 것이라 주장.

죽은 세포가 나무의 장수에 기여한다
- 사라짐이 곧 지속의 힘이 되는 역설

나무의 수명을 떠올려 보자. 수십 년, 때로는 수백 년을 버티며 뿌리를 내리고 가지를 뻗는 나무의 장수에는 특별한 비밀이 있다. 놀랍게도 그것은 살아 있는 세포만이 아니라 **죽은 세포의 기여** 덕분이다.

나무의 줄기를 이루는 목질부는 대부분 죽은 세포들로 채워져 있다. 살아 움직이지 않지만, 이 세포들은 단단한 구조를 형성해 나무가 폭풍과 눈비를 견디게 한다. 살아 있는 부분은 나이테의 가장 바깥 얇은 층일 뿐, 나머지 죽은 세포들의 희생과 지탱이 없다면 나무는 거대한 몸집을 오래 유지하지 못했을 것이다. **죽은 것이 곧 살아 있는 것을 살린다.**

기업과 사회도 마찬가지다. 과거의 실패와 시행착오, 한때 역할을 다한 제도와 인력, 사라진 브랜드와 철수한 사업들이 모두 흔적을 남긴다. 그것들은 이미 '죽은 세포'처럼 더 이상 활동하지 않지만, 조직의 기억과 학습으로 축적되어 오늘의 경쟁력을 지탱한다. **성공의 기반에는 언제나 과거의 사라짐이 있다.**

문제는 많은 기업이 '죽음을 두려워한다'는 데 있다. 낡은 제도를 버리지 못하고, 의미 없는 사업을 끌고 가며, 이미 시대가 지난 관행을 지키려 한다. 그러나 진짜 장수하는 조직은 불필요한 것을 과감히 떨궈내고, 그 자리를 교훈과 경험이라는 자산으로 바꾸는 기업이다. 나무가 매해 낡은 껍질과 세포를 죽임으로써 더욱 단단해지듯, **조직도 사라짐을 관리하는 능력이 있어야 오래 산다.**

죽은 세포가 나무의 장수에 기여하듯, 끝난 경험과 실패한 시도가 기업의 성장을 지탱한다. 사라짐을 두려워하지 말고, 그것을 자산으로 삼아라. **없어짐은 낭비가 아니라 지속을 위한 토대다.**

❏ 『식물학』(권중호 외, 라이프사이언스, 2009.)
"심재는 죽은 세포로 구성되지만 기계적 지지와 방부 성분 축적으로 수목의 수명을 연장한다."
국립산림과학원 자료에서도 "심재는 수분 이동에는 참여하지 않으나, 구조적 강도와 장수성에 기여한다"고 설명.

과학적 원리
살아 있는 부분: 변재(sapwood) → 수분·영양분 수송.
죽은 부분: 심재(heartwood) → 단단한 지지대 역할, 수종에 따라 향·수지·페놀 성분 축적 → 곰팡이·균으로부터 보호.
즉, 죽은 세포의 층이 오히려 나무를 더 오래 살게 만드는 보호막이 됨.

내공은 독서와 여행으로 완성된다
- 머리와 발로 쌓아 올리는 깊이

겉으로 보이는 기술이나 지식은 단기간에 익힐 수 있다. 그러나 사람의 진짜 힘, 곧 **내공**은 쉽게 얻어지지 않는다. 내공은 경험과 성찰의 축적에서 비롯되며, 그것을 단단하게 만드는 두 가지 길은 **독서와 여행**이다.

독서는 시간을 넘어선 대화다. 책 속에는 이미 수백 년, 수천 년 동안 다듬어진 사상과 지혜가 응축되어 있다. 한 권의 책을 읽는다는 것은 한 사람의 생애와 사유를 압축된 형태로 빌려 쓰는 것이다. 독서는 사고의 틀을 넓히고, 깊이를 더하며, 내가 서 있는 지점을 상대화하게 만든다. 짧은 생애로는 결코 경험할 수 없는 인류의 축적된 통찰이 책을 통해 내 것이 된다.

여행은 몸으로 하는 독서다. 낯선 땅을 밟고, 다른 사람들의 삶을 마주하며, 내가 당연하게 여겼던 기준을 흔드는 순간에 사람은 성장한다. 여행은 단순한 이동이 아니라 **시선의 전환**이다. 익숙한 환경에서는 결코 보이지 않던 것들이 낯선 곳에서는 또렷이 드러난다. 다른 문화와 언어, 생활 방식을 경험하는 일은 사고의 경직을 풀고, 타인의 관점을 이해하는 힘을 길러준다.

독서가 사유의 깊이를 주고, 여행이 체험의 넓이를 준다. 하나만으로는 내공이 완성되지 않는다. 독서만 하면 현실 감각이 부족해지고, 여행만 하면 깊이 없는 경험에 그칠 수 있다. 두 가지가 맞물릴 때, 생각은 뿌리를 내리고 경험은 가지를 뻗는다.

기업의 리더나 조직의 구성원에게도 이 원리는 똑같이 적용된다. 책을 통해 이론과 철학을 배우고, 여행을 통해 실제 사람과 시장을 이해하는 기업은 위기에 흔들리지 않는다. **독서와 여행은 개인의 교양을 넘어, 조직의 내공을 만드는 투자다.**

결국 내공은 하루아침에 쌓이지 않는다. 시간을 들여 읽고, 길을 떠나 부딪치며, 다시 돌아와 성찰할 때 조금씩 깊어진다. **책장이 쌓아준 사고와 길 위에서 얻은 시선이 함께할 때,** 사람은 단단해지고 기업은 오래간다.

1. 동양 고전적 맥락
    - 주자(朱子), 『격물치지(格物致知)』 전통 → 독서와 경험(行)을 통해 지식을 완성해야 한다는 강조.
        - "독서로 배우고, 행으로 실천하라(學而知之, 行而踐之)."
        - 직접 "여행"이라는 단어는 나오지 않지만, **세상 속 경험을** 통한 학습을 중시.
    - 공자, 『논어』
        - "배우고 때로 익히면(學而時習之)…" → 학문은 독서(배움)와 경험(습, 실천)의 조화에서 완성됨.

2. 서양 고전적 맥락
   - 세인트 어거스틴(St. Augustine)
     - "The world is a book, and those who do not travel read only one page."
     - "세상은 한 권의 책이고, 여행하지 않는 사람은 그 책의 한 페이지만 읽는 것과 같다."
       → 독서와 여행이 모두 인간 내적 성장을 위해 필요하다는 사상적 기반.

현상은 복잡하나 법칙은 단순하다
- 복잡한 세상을 꿰뚫는 단순함의 힘

우리가 살아가는 세상은 끝없이 복잡해 보인다. 경제는 얽히고설킨 이해관계로 움직이고, 사회는 수많은 갈등과 변수가 충돌하며, 조직은 매일같이 새로운 문제에 부딪힌다. 현상만 바라보면 혼란스럽고, 어디서부터 풀어야 할지 막막하다. 그러나 그 속을 깊이 들여다보면 언제나 흐름을 지배하는 단순한 법칙이 있다.

자연이 그렇다. 바람의 움직임, 파도의 출렁임, 나무의 성장까지 각각은 복잡해 보이지만, 결국 중력과 에너지 보존이라는 단순한 원리가 지배한다. 인간 사회도 마찬가지다. 경영 현장에서 일어나는 수많은 문제 역시 표면적으로는 복잡해 보이지만, 그 밑바탕에는 단순한 법칙이 숨어 있다.

기업의 성과는 수십 가지 지표로 측정되지만, 본질은 결국 **고객의 가치 창출**이다. 조직의 갈등은 수많은 이유가 얽혀 있는 듯 보이지만, 뿌리를 찾아가면 대개 **신뢰와 소통의 부족**으로 귀결된다. 금융시장은 수많은 변수가 얽혀 있지만, 결국 투자자의 심리와 수급이라는 단순한 축이 중심을 이룬다.

현상의 복잡함에 휘둘리면 문제는 풀리지 않는다. 그러나 단순한 법칙을 발견하면 흐름을 이해할 수 있고, 복잡성 속에서 질서를 만들어낼 수 있다. 그래서 리더에게 필요한 것은 모든 정보를 아는 능력이 아니라, **본질을 꿰뚫는 눈**이다. "왜 이런 일이 벌어지고 있는가?"라는 질문을 반복할 때, 화려한 현상의 막 뒤에서 단순한 법칙이 드러난다.

인생도 다르지 않다. 수많은 선택과 사건이 얽히지만, 결국 삶을 지탱하는 힘은 단순하다. **의미 있는 일을 하고, 소중한 사람과 함께하며, 꾸준히 자신을 성장시키는 것.** 복잡한 일상을 견디게 하는 것도 결국 이 단순한 법칙이다.

세상은 언제나 복잡해 보일 것이다. 그러나 그 속에서 단순한 법칙을 찾는 사람만이 방향을 잃지 않는다. **현상은 복잡하나, 법칙은 단순하다.** 이 진리를 붙잡는 순간, 혼란은 흐름이 되고, 위기는 기회로 바뀐다.

1. 물리학·과학사 맥락, 아이작 뉴턴(Isaac Newton)

『프린키피아(Philosophiae Naturalis Principia Mathematica, 1687)』에서 만유인력 법칙을 제시하면서, 천체의 복잡한 운동 현상도 단순한 수학적 공식으로 설명됨을 보여줌.

직접 "현상은 복잡하나 법칙은 단순하다"라는 표현을 쓰지는 않았으나, 후대 과학철학자들이 뉴턴의 성취를 요약할 때 이 문구를 인용.

2. 과학철학·경영학 담론, 리처드 파인만(Richard Feynman)

강의록 *The Character of Physical Law* (1965)에서 "자연 법칙은 매우 단순한 형태로 표현되지만, 그것이 만들어내는 현상은 매우 복잡하다."

검색, 사색, 탐색
- 정보의 시대를 넘어 지혜의 시대로

오늘날 우리는 하루에도 수십 번씩 '검색'으로 시작한다. 손끝만 움직이면 원하는 정보가 눈앞에 쏟아지고, 과거의 지식과 경험은 언제든 호출된다. **검색은 곧 과거를 다루는 방식**이다. 축적된 데이터와 기록을 통해 우리는 지나간 시간의 흔적을 확인하고, 그 안에서 배울 수 있다.

그러나 검색만으로는 충분하지 않다. 이어령 선생이 말했듯, **현재는 사색하는 시간**이어야 한다. 눈앞에 쏟아지는 정보들을 곱씹고, 나의 문제와 연결하며, 의미를 재해석하는 과정이 없다면 지식은 단순한 데이터로 머물 뿐이다. 사색은 정보를 소화하고, 삶의 맥락 속에서 재구성하는 작업이다. 사색 없는 검색은 공허한 암기와 다르지 않다.

그리고 미래는 **탐색의 몫**이다. 생각을 현실에 던져 보고, 새로운 길을 걸으며, 직접 부딪히는 과정에서만 진짜 혁신이 일어난다. 탐색은 미지의 세계로 향하는 발걸음이다. 실패와 시도를 두려워하지 않고 행동으로 옮기는 순간, 미래는 만들어진다.

이 세 가지는 시간의 층위와도 맞닿아 있다.

- 과거는 검색으로 정리하고,

- 현재는 사색으로 성찰하며,
- 미래는 탐색으로 개척하는 것이다.

기업 경영도 마찬가지다. 기업은 과거의 데이터를 검색해 교훈을 얻고, 현재의 전략을 사색해 방향을 다듬으며, 미래의 기회를 탐색해 새로운 시장을 열어야 한다. 검색이 눈을 열고, 사색이 머리를 열며, 탐색이 길을 여는 것이다.

오늘날 많은 사람과 조직이 '검색'의 편리함에만 머문다. 그러나 검색은 출발점일 뿐이다. 사색 없는 검색은 표피적이고, 탐색 없는 사색은 공허하다. 세 가지가 연결되어야 비로소 지혜가 되고, 혁신이 된다.

과거를 검색하고, 현재를 사색하고, 미래를 탐색하는 것. 이 단순하지만 깊은 흐름을 붙잡을 때, 개인과 조직은 비로소 시간의 주인이 될 수 있다.

☐ **이어령** (전 문화부 장관, 『디지로그』, 『생명이란 무엇인가』 등)
- 디지털 시대의 사고법을 설명하며 **검색(Search)**과 **사색(Thinking/Reflection)**의 균형을 강조.
- 단순히 데이터를 찾는 검색이 아니라, 그것을 곱씹는 사색이 필요하다고 주장.
- 여러 강연에서 "검색으로 지식을 얻고, 사색으로 의미를 찾으며, 탐색으로 새로운 길을 열어야 한다"는 유사 표현을 사용.

- **송길영** (『상상하지 말라』, 『여기, 사람이 있다』)
  - 빅데이터 분석과 인간 욕망 읽기 맥락에서 "검색은 데이터, 사색은 해석, 탐색은 실행"이라는 구조로 풀어내는 발언을 강연에서 자주 함.

시간 알려주지 말고 시계를 만들어줘라
- 지속 가능한 리더십과 조직의 힘

조직을 이끄는 리더나 선배, 또는 기업의 제도는 종종 구성원에게 '정답'을 알려주려 한다. 지금 해야 할 일, 오늘의 우선순위, 이번 달의 목표 같은 단기적 방향을 일러주는 것이다. 그것은 마치 **"지금 몇 시인가"를 알려주는 행위**와 같다. 순간적으로는 도움이 되지만, 시간이 지나면 다시 묻고, 다시 알려줘야 한다.

반대로 진정한 리더십은 **'시계'를 만들어주는 것**이다. 스스로 시간을 읽을 수 있는 도구, 즉 스스로 판단하고 실행할 수 있는 기준과 시스템을 제공하는 것이다. 단순한 해답이 아니라 **판단의 원리와 방법**을 공유할 때, 구성원은 더 이상 리더에게 의존하지 않고도 길을 찾아간다.

기업 차원에서도 이는 중요한 교훈을 준다. 단기 성과를 지시하고 관리하는 방식은 눈앞의 문제 해결에는 효과적일 수 있다. 그러나 매번 지시와 보고가 반복되면 조직은 리더의 지시에만 의존하는 구조로 굳어지고, 자율적 학습과 창의성은 자라지 않는다. 반대로 **원칙·프로세스·가치체계라는 '시계'를 설계하는 기업**은 구성원 각자가 스스로 시간을 읽고 움직일 수 있게 만든다.

교육도 마찬가지다. '정답'을 알려주는 교육은 순간적인 성과를 만들 수 있지만, **생각하는 힘을 키워주는 교육**은 장기적으로 더 강력한 자산이 된다. 직원들에게 문제 해결 방법을 그대로 주는 것이 아니라, 문제를 정의하고 분석하는 훈련을 시키는 것이야말로 시계를 만들어주는 일이다.

"시간을 알려주는 것"은 단기적 친절이지만, "시계를 만들어 주는 것"은 장기적 배려이자 진정한 리더십이다. 개인에게 의존하는 조직은 결국 취약하지만, 원리를 공유하고 시스템을 남기는 조직은 시간이 지나도 흔들리지 않는다.

리더라면 답을 주기보다 원칙을 남겨라. 기업이라면 순간의 지시보다 자율의 시계를 설계하라. 그것이 지속 가능한 성장을 가능케 하는 힘이다.

- ❏ *Principle-Centered Leadership*. Simon & Schuster, Covey, Stephen R., 1992. Simon & Schuste.
  - 코비는 리더가 상황이나 환경 변화에 휘둘리지 않고, **불변의 원칙**을 중심으로 행동해야 한다고 본다.
  - 그는 원칙을 "자연법칙처럼 존재하는 인간 조직과 관계를 지탱하는 기본 토대"로 본다.
  - 리더는 단기적 기술이나 테크닉을 넘어 **성격과 윤리, 근본 원칙** 기반에서 조직과 사람을 이끌어야 한다는 메시지를 강조한다.
  - "원칙 중심의 삶이야말로 혼돈과 변화의 급물살 속에서 흔들리는 우리에게, 삶을 제대로 세울 수 있는 가장 안정적이고 움직이지 않고 흔들리지 않는 기초가 되어 준다.

다름은 표현하고, 나음은 증명하라
- 차별화와 경쟁력의 두 축

시장에서 살아남기 위해 기업이 가장 먼저 해야 할 일은 '다름'을 드러내는 것이다. 고객은 차이를 통해 눈길을 멈추고, 선택지를 좁힌다. 제품의 디자인, 서비스의 방식, 브랜드의 태도 등에서 드러나는 작은 차별성이 소비자에게는 '새로움'이 된다. 다름은 곧 존재감을 알리는 신호이자, 경쟁의 출발점이다.

그러나 단순히 다르기만 해서는 오래 살아남을 수 없다. '나음'을 증명하지 못하면 차이는 곧 하찮은 변주에 불과하다. **다름은 주목을 끌지만, 나음은 신뢰를 만든다.** 소비자는 시간이 지날수록 단순한 호기심보다 실제적 가치와 성과를 따진다. 결국 기업은 차별화된 아이디어를 넘어서, 그것이 실제로 더 나은 선택임을 보여주어야 한다.

이는 개인의 커리어와 조직의 전략에도 그대로 적용된다. 다름을 표현하는 것은 자기소개이고, 나음을 증명하는 것은 실적이다. "나는 이런 시각을 가진 사람이다"라고 말할 수 있지만, 그것이 진짜 가치를 가지려면 "내가 이만큼 성과를 냈다"라는 증거가 따라야 한다. 기업도 마찬가지다. 광고로는 다름을 알릴 수 있어도, 고객의 재구매와 시장 점유율로만 나음을 증명할 수 있다.

리더십 차원에서도 중요한 메시지가 있다. 조직은 내부적으로 다양한 다름을 존중해야 한다. 서로 다른 배경과 관점을 표현하게 해야 창의가 발휘된다. 하지만 외부 시장에서는 반드시 '나음'을 증명해야 한다. 기술력, 품질, 서비스, 성과 등 구체적 증거가 뒷받침되지 않으면, 다름은 곧잡아 사라지는 유행일 뿐이다.

다름은 표현의 언어이고, 나음은 증명의 언어다.
기업은 두 가지 모두를 가져야 한다. 다름으로 눈길을 끌고, 나음으로 신뢰를 얻을 때, 비로소 지속 가능한 경쟁력이 완성된다.

❏ 맥락을 팔아라, 정지원·유지은·원충열 저, 미래의 창, 2017년.
이 책의 2장에 "다름은 표현하고 나음은 증명하라"는 내용이 있다.

과거에는 구매로 나의 특별함을 표현했다면, 지금은 구매 전에 나의 특별함, 구매할 만한 자격을 스스로 증명해야 한다.(p.65)
다양성의 시대, 개인의 취향과 의견이 그 자체로 미디어가 되는 시대, 모든 것이 콘텐츠로 존재하는 시대다. 소비자들이 온전히 즐길 수 있는 브랜드, 자발적으로 공유하는 콘텐츠만이 살아남는다. 변덕스럽고 종잡을 수 없는 소비자들을 원망하기 전에 "내가 내 브랜드의 팬이라면"의 관점을 가져보자. 브랜드가 성장한다는 것은, 소비자를 즐겁게 해주는 콘텐츠로서의 가치를 갖춘다는 것이다. 새로운 미디어 환경에 맞추고 새로운 기술을 활용하고 새로운 소비자들의 언어와 습관을 익혀라. 브랜드는 이제 고객의 희로애락을 교감하는 콘텐츠로서 연결을 만드는 구심점이 되어야 한다.(p.131)

언어의 한계는 세계의 한계이다
- 말할 수 있는 만큼만 세상을 본다

철학자 루트비히 비트겐슈타인은 "내 언어의 한계가 곧 내 세계의 한계다"라고 말했다. 이는 단순한 언어철학이 아니라, 인간의 사고와 삶 전반에 걸쳐 깊은 함의를 가진다. 우리가 사용하는 언어가 곧 사고의 틀을 규정하고, 그 언어가 닿는 만큼만 세상을 이해할 수 있다는 것이다.

언어는 단순한 소통 도구가 아니다. 언어는 개념을 형성하고, 사고를 구조화하며, 경험을 정리한다. 어떤 사물이나 현상을 표현할 수 있는 단어가 있을 때 우리는 그것을 인식하고 구분할 수 있다. 반대로 언어가 닿지 않는 영역은 흐릿하게만 남거나 아예 보이지 않는다. 그래서 언어의 폭이 좁으면 세계도 작아지고, 언어가 풍부하면 세계도 넓어진다.

기업 경영에서도 이 원리는 똑같이 적용된다. 조직의 언어가 빈약하면 전략도 모호해지고 실행도 흐려진다. '고객 중심'이라는 말만 반복하며 구체적 언어로 풀어내지 못한다면, 실제 행동은 공허하게 머문다. 반대로 '고객 경험 여정', '터치포인트', '재구매 전환율' 같은 언어를 공유하는 순간, 조직은 같은 세계를 바라보고 구체적으로 움직일 수 있다. 결국 **조직이 사용하는 언어가 곧 조직의 세계를 규정**한다.

개인의 성장 또한 마찬가지다. 책을 읽고 다양한 표현을 익히는 것은 단순한 지식 축적이 아니라, 사고와 세계를 확장하는 작업이다. 외국어를 배우는 것도 언어의 확장일 뿐 아니라 세계의 확장이다. 새로운 언어를 익힌 사람은 그만큼 새로운 문화와 사고의 틀을 받아들일 수 있다.

결국 우리의 세계를 넓히는 길은 언어를 넓히는 것이다. 더 풍부한 언어를 가질 때, 더 깊은 사고가 가능해지고, 더 넓은 세상을 품을 수 있다. **언어의 한계가 곧 세계의 한계라면, 언어의 확장은 곧 세계의 확장**이다

❑ *Tractatus Logico-Philosophicus*, 루트비히 비트겐슈타인 (Ludwig Wittgenstein), Routledge & Kegan Paul, 1921년.
비트겐슈타인의 『논리-철학 논고(Tractatus Logico-Philosophicus)』 제5.6명제에서 나온다:
"Die Grenzen meiner Sprache bedeuten die Grenzen meiner Welt."
→ "내 언어의 한계가 나의 세계의 한계이다" (또는 "내 언어의 한계가 곧 내 세계의 한계다")
- 그는 이 명제를 통해 언어가 표현할 수 있는 것과 표현할 수 없는 것 사이의 경계를 설정하려 했다.
- 논고 전반에서는 "말할 수 없는 것에 대해서는 침묵해야 한다 (Wovon man nicht sprechen kann, darüber muß man schweigen)" 같은 태도를 강조한다.

제7장

책임: 자율경영과 책임경영

조직이 자율성을 확보하려면, 그 바탕에는 신뢰가 있어야 한다. 그러나 신뢰는 무제한의 자유가 아니라, 책임과 연결될 때에만 의미를 갖는다. 자율경영은 통제를 최소화하되 책임의식을 내재화한 구조를 말하며, 이를 위해 리더는 권한을 적절히 위임하고, 구성원은 자발적으로 목표와 기준을 공유해야 한다. 위임전결은 단순한 업무 분배가 아니라 권한의 병존 구조로, 법적으로도 위임자와 수임자 모두가 그 책임을 함께 진다. 따라서 조직 내부 규정과 문화는 이러한 병렬적 책임을 수용할 수 있어야 하며, '지시자'보다는 '신뢰 설계자'로서의 리더십이 요구된다. 미국 산타페함의 사례처럼 자율과 책임의 구조가 확립될 때, 구성원은 스스로 판단하고 움직이며 조직의 성과도 함께 높아진다. 이러한 문화는 통제가 아니라 신뢰를 기반으로 한 협업에서 비롯되며, 공자와 순자가 경고한 통제적 오류—가르치지 않고 비난하거나, 권한은 주지 않고 책임만 묻는 방식—를 피하는 데서 시작된다. 오늘날의 리더는 앞서 지시하는 존재에서, 경계를 허물고 연결을 설계하는 존재로 변화하고 있다. 자율은 곧 방임이 아니라 책임 있는 자유이며, 리더는 구성원이 실수할 수 있는 여지를 허용하고 학습을 촉진하는 환경을 조성해야 한다. 결국 자율과 책임이 선순환하는 조직만이 스스로 움직이고 진화하는 유기적 공동체로 성장할 수 있다.

> 목 차
> - 신뢰를 기반으로 한 위임의 기술
> - 지시에서 연결로
> - 나무에서 리좀으로, 통제에서 연결로
> - CEO의 멘탈관리
> - 선제적 근본적 문제해결

신뢰를 기반으로 한 위임의 기술

조직은 사람으로 이루어진 유기체다. 그리고 이 유기체는 중앙에서 모든 것을 통제하는 구조로는 결코 지속 가능한 성장을 기대하기 어렵다. 현대의 빠른 변화 속에서 조직은 더 이상 상명하달의 피라미드 구조만으로 움직이지 않는다. 자율성과 책임, 이 두 축이 균형을 이룰 때 조직은 진정한 의미의 자기조직화(self-organizing)를 이룰 수 있다.

하지만 자율을 주는 것은 방임이 아니고, 책임을 묻는 것은 통제가 아니다. 많은 리더들이 이 두 개념을 혼동한다. 누군가는 권한을 준다고 하면서 모든 과정을 지시하고 간섭하고, 또 다른 이는 위임을 핑계로 지원 없이 결과만 요구한다. 결국 이런 조직은 주도적 구성원을 잃고, 수동적 인력들만 남게 된다.

조직 내부에서의 위임전결은 단순히 일을 나누는 것이 아니라, 권한과 책임을 함께 나누는 일이다. 민법상 대리의 법리에 따르면, 위임을 받았다고 해서 본래의 권한이 사라지는 것은 아니다. 상급자가 하급자에게 업무의 전결권을 위임했더라도, 그 상급자는 여전히 그 권한을 보유하고 있으므로 직접 결재를 하는 것이 법적으로 전혀 문제가 되지 않는다. 다만 조직 내부의 사규나 규정, 특히 인사평가 기준에 따라 그 방식이 적절했는지는 별도의 기준에 따라 평가될 수 있다. 이처럼 위임은 권한이 이양된 듯 보이지만, 본질적으로는 권한의 병존이라는 구조를 가지고 있다.

권한 위임이 가장 모범적으로 실현된 사례 중 하나는 미국 해군 산타페함이다. 마르케 함장은 기존의 리더-팔로워 모델을 버리고 리더-리더 모델을 정착시켰다. 그는 권한을 나눠주고, 구성원의 역량을 끌어올리며, 조직의 목표를 모두에게 명확히 하였다. 이때 핵심은 단순한 위임이 아니라 신뢰를 전제로 한 위임, 그리고 책임을 수반한 자율의 구조였다. 이 방식은 단기간엔 비효율적으로 보일 수 있지만, 장기적으로 조직의 자율성과 성과를 모두 끌어올리는 효과를 냈다. 이 내용은 데이비드 마르케의 책 턴어라운드에 잘 나타나 있다.

공자 역시 2,500년 전 같은 통찰을 전했다. 정치란 결국 사람을 다루는 일이며, 사람을 키우는 일이라는 그의 철학은 오늘날 조직 경영에도 그대로 적용된다. 그는 가르치지도 않고 결과만 비난하는 것을 '학(虐)', 과정 설명 없이 성과만 추궁하는 것을 '포(暴)', 명령은 애매하게 하고 마감만 강요하는 것을 '적(賊)', 줄 권한을 머뭇거리며 인색하게 굴면 '린(吝)'이라 했다. 이는 조직 내에서 권한을 위임할 때 리더가 빠지기 쉬운 오류를 정확히 지적한 것이기도 하다.

실제로 마이크로 매니저들은 이러한 오류를 모두 범한다. 팀원을 신뢰하지 못해 모든 일을 자신이 확인하고, 성과에 대한 압박에 쫓겨 업무의 본질이 아닌 절차에 집중하며, 자율을 허용하지 않고 오히려 책임만 묻는다. 이런 조직에서는 아무리 유능한 인재도 성장할 수 없고, 조직은 변화와 혁신의 흐름에서 점차 뒤처지게 된다.

결국 자율경영은 제도만으로 완성되지 않는다. 자율이 뿌리내리기 위해선, 구성원이 충분한 권한을 행사할 수 있도록 리더가 신뢰를 바탕으로 권한을 분산해야 하며, 위임한 구성원이 책임질 수 있도록 역량을 키워야 한다. 리더는 구성원이 실수할 수 있도록 허용해야 하며, 그 실수를 통해 학습할 수 있는 여지를 만들어줘야 한다. 그것이 진짜 권한 위임이며, 그것이 자율성과 책임의 선순환 구조다.

조직은 신뢰와 통찰로 성장한다. 그 신뢰는 리더의 용기에서, 그 통찰은 구성원의 자율에서 비롯된다. 위임은 권한의 이전이 아니라, 사람을 믿는 리더십의 실천이다. 그리고 그 위임이 책임으로 이어질 때, 조직은 스스로를 경영하는 자율적 공동체가 된다.

❑ 위임의 기술, 김진영 저, 좋은습관연구소, 2024년.

저는 위임을 조직 전체의 업무를 효율적으로 구조화하는 수단으로 주목하고자 합니다. 리더의 자원은 한계가 있고, 모든 일을 혼자 감당할 수 없기 때문입니다. 또한, 직원마다 능력과 경험의 차이가 있어 각각 다르게 접근해야 합니다. 이런 상황에서 위임은 리더와 직원의 다양한 상황에 맞춰 업무를 배분하고 조직화하는 데 큰 도움이 됩니다.(p.72)

위임은 직원이 자기 주도적으로 일하는 환경을 만들어주는 것이지, 아무렇게나 일하도록 내버려두는 게 아닙니다. 중요한 것은 일정을 서로 협의를 통해 정하는 것입니다. 이렇게 하면 불필요한 오해를 없애고 효과적인 업무 관리가 가능해집니다.(p.84)

최근 우연히 보게된 수영 대회의 다이빙 종목 코치의 모습을 보면서 피드백 모범 사례라는 생각이 들었습니다. 선수가 다이빙을 끝내고 물 밖으로 나오면 바로 코치는 태블릿 PC를 보여 주며 어떤 동작으로 입수했는지 대화를 나눕니다. '실행 즉시 피드백'입니다. 이처럼 리더와 직원이 서로 기억이 생생한 시간 안에 피드백하는 것이 바람직합니다. 분명한 기억이 있다면 피드백 시간은 짧게 진행 될 수 있습니다. 한 개 이슈로 하는 1회 피드백은 10~20분 내외가 적절하다고 봅니다.(p.109)

턴어라운드, L.데이비드 마르케 저, 김동규 번역, 세종서적, 2020년.

우리는 그동안 지휘계통의 아래 방향, 즉 장교, 반장, 승조원 등으로 권한을 이양하는 조치를 취해왔다. 그리고 그 과정에서 권한을 위임할수록 모든 계급에 걸쳐 기술적 지식이 더욱 중요해진다는 사실을 깨닫게 되었다. 기술적 역량을 키워야 했다.

누가 시키는 대로만 하면 된다면 내가 사용하는 기술의 내용을 이해할 필요도 없다. 그러나 의사결정 능력이 향상될수록, 그 결정의 바탕이 되는 기술적 지식에 정통해야 한다. 잠수함은 자연의 법칙에 따를 수밖에 없고 그 법칙은 누구에게도 예외가 없다.

-〈17장 언제 어디서나 배운다〉 중에서

❏ 《논어(論語)》 요왈편(堯曰篇)은 3장(章)

학(虐), 포(暴), 적(賊), 인(吝) 등 네 가지 '악'(惡)을 피해야 한다고 강조한다. 학(虐)은 가르쳐주지 않은 채 실수한 것만 가지고 엄하게 처벌하는 것, 포(暴)는 갑작스럽게 독촉하면서 차근차근 과정을 챙기지 않는 것, 적(賊)은 지시는 대충 내려놓고 제때 마감하라고 재촉하는 것, 인(吝)이란 어차피 내어줄 일을 손에 쥐고 '내줄까 말까' 인색하게 구는 것이다

지시에서 연결로

리더십은 시대에 따라 진화한다. 오늘날의 리더는 외부와 내부를 연결하고, 구성원 스스로 동기를 발견하도록 돕는 존재로 변화하고 있다. 이러한 변화는 단지 기술적 전환이 아니라, 철학적 확장의 과정이며, 경영의 방식이 변화하는 흐름과 궤를 같이한다.

리더십의 첫 출발은 '앞서서 이끄는' 자세다. 이 단계에서 리더는 누구보다 먼저 움직이고, 현장에서 솔선수범하며 방향을 제시한다. 위기 상황에서 리더가 먼저 발을 담그고 실천으로 메시지를 전할 때, 조직은 생존하고 결속한다. 마치 전장의 장수가 병사들보다 앞서 칼을 들고 나가는 모습처럼, 이 리더십은 현장성과 카리스마를 바탕으로 신뢰를 구축한다. 그러나 그 강한 중심은 때때로 조직의 자율성을 억제하는 그림자를 만들기도 한다.

다음 단계는 '전수의 리더십'이다. 리더가 알고 있는 것을 구성원에게 주입하고, 훈련과 교육을 통해 조직의 역량을 상향 평준화한다. 이는 경험과 기술, 문제 해결 방식을 체계적으로 전달함으로써 조직의 기반을 다지는 시기다. 신입사원이나 성장 초기 단계의 조직에게는 반드시 필요한 리더십이다. 하지만 일방향의 전달 방식은 자칫 창의성을 억누를 위험도 있다. 지식은 권력이지만, 동시에 공유되어야 하는 자산이다.

리더십의 진정한 전환은 세 번째 단계에서 시작된다. 이제 리더는 말하지 않고 듣는다. 지시하지 않고 묻는다. '내면의 동기'를 자극하는 코칭형 리더십은 구성원 스스로가 행동의 주체가 되도록 만든다. 자율성과 유능감, 그리고 소속감이라는 인간의 본질적 욕구를 기반으로, 리더는 점차 '촉진자'로 자리매김한다. 이 단계에서 조직은 더 이상 상명하달의 피라미드 구조가 아니라, 상호 신뢰와 몰입이 있는 자율적 공동체로 진화한다.

마지막으로 도달해야 할 리더십은 '개방'과 '연결'의 리더십이다. 오픈 이노베이션이라는 개념은 더 이상 기술 개발에 국한되지 않는다. 스타트업, 전문가, 외부 산업과의 네트워크를 활용하여 조직의 한계를 넘어서는 이 방식은 리더에게 단지 '내부 관리자'가 아닌 '생태계 설계자'로의 변화를 요구한다. 조직은 더 이상 닫힌 시스템이 아니다. 유연한 경계 위에서 다양한 외부 자원을 조직 내부로 통합하고, 내부의 아이디어를 외부와 공유하는 순환적 구조가 필요하다. 이때 리더는 오케스트라의 지휘자처럼 다양한 자원과 이해관계자들을 조율하며 새로운 협력의 하모니를 만들어낸다.

이러한 4단계 리더십의 흐름은 단순히 역할의 확장이 아니라, 리더십의 정체성 자체가 달라졌음을 의미한다. 과거의 리더가 '지시하고 통제하는 자'였다면, 오늘날의 리더는 '이끌고 연결하는 자'이며, 미래의 리더는 '생태계를 설계하는 자'다. 그 중심에는 변화하는 조직, 변화하는 구성원, 그리고 변화하는 사회가 있다.

결국 리더십은 정답이 아니라 적합함의 문제다. 조직의 성숙도, 구성원의 자율성, 외부 환경의 복잡성에 따라 리더는 유연하게 자신의 방식을 조율해야 한다. 중요한 것은 이 모든 단계를 순차적으로 거치며, 리더 자신 또한 성장의 길 위에 있다는 점이다. 리더십은 기술이 아니라 존재 방식이며, 경영은 그 존재 방식을 조직 전체에 어떻게 확산시키는가에 대한 전략이다.

따라서 지금 우리가 필요한 것은 더 나은 지시자가 아니라, 더 넓게 듣고, 더 깊이 공감하며, 더 멀리 연결하는 리더다. 그것이 오늘날 리더십이 진화해야 할 이유이자 방향이다.

❑ 리더십 수업, 존 맥스웰 저, 이형욱 번역, 넥서스 BIZ, 2020년.
일찍이 내가 도달한 결론은 '리더십은 곧 영향력이다.'라는 것이다. 사람들이 타인에게 자신의 영향력을 증대시킬 수 있다면, 그들을 더욱 효과적으로 리드할 수 있다. 리더십의 효과는 시간이 지날수록 내 머릿속에서 더욱 구체화되기 시작했다. 그 생각을 개발하는 데 5년이라는 시간이 걸렸고, 그 결과물이 바로 '5단계 리더십'이다. (p.11)
한 단계 올라갈 때마다 사람들을 더 효과적으로 리드하게 되는 것은 높은 단계로 올라갈수록 영향력이 더 증가하기 때문이다. 당신의 영향력이 증가하면 더 많은 사람이 당신을 쉽게 따른다. 영향력이 제한적이면, 리더십도 제한된다. 영향력이 커지면, 효과성도 커진다. 이것은 상식이다. 그런데 한 가지 부정적인 것은 리더십의 상위 단계로 오르는 것이 쉽지 않다는 것이다. 그것이 쉽다면, 5단계 리더가 되지 못할 사람이 어디 있겠는가.(p.24)

❏ 리더십 불변의 법칙, 존 맥스웰 저, 박영준 번역, 비즈니스북스, 2021년.

존 맥스웰은 이 책에서 '리더십'이라는 복잡한 개념을 명쾌하게 정의하고 뛰어난 리더가 되기 위한 핵심 지침을 간결하게 제시한다. 이에 더해 리더십의 원리에서부터 인생의 바탕이 되는 가치, 리더십의 효율적인 실천 방법 등 '리더십의 모든 것'을 다양한 사례를 통해 다룬다.

최고의 항해사는 많은 사람이 따르고 의지하는 걸 알기에 감정을 드러내는 일을 미루고 문제를 처리하는 데 집중한다. 그렇게 할 수 있는 비결은 무엇일까? 첫째, 성공의 정의를 명확히 내리고 충실히 지키는 것이다. 예를 들어 나는 성공을 내적, 외적 2가지 측면에서 정의한다. 내적 성공은 나와 가장 가까운 사람들이 나를 사랑하고 존중하는 것이다. 나는 이를 통해 안정감과 신뢰감을 느낄 수 있다. 그리고 외적 성공은 삶의 목표를 깨닫고 내 잠재력에 걸맞은 수준으로 성장해서 사람들을 돕는 것이다. 이 2가지 정의는 내가 어떤 문제에 부딪힐 때마다 균형 있게 사고할 수 있도록 해준다.

〈제4장 항해의 법칙〉 중에서

❏ 지시하지 말고 질문하라, 이관노 저, 씽크스마트, 2021년.

어떤 리더는 현재를 과거의 시선으로 보고 과거의 시간 속에만 머물러 있다. 이런 리더들은 과거의 경험을 기준으로 부하들에게 지시를 내리는 것에 익숙하다. 시간의 흐름을 모르고 자신의 경험 속에서만 답을 찾으려고 하며, 오로지 자신의 경험만 최고로 삼는다. 자기 경험을 최고의 가치로 삼는다는 것은 그 외의 다른 것은 부정한다는 말과 다르지 않다. 이들에게 있어 다른 사람의 의견은 중요하지 않고, 오직 지시에 순종하고 만들어진 대로 살아가기를 요구한다. 지시는 일방적이고 수직적이면서 다름을 부정하고, 천 개의 문제가 있어도 답은 오직 하나라고 생각한다. 이들에게 있어 답은 만들어가는 것이 아니라 이미 만들어진 것이다.(p.11)

p172 듣기의 중요성을 모르는 사람은 없다. 그러나 중요성은 알지만 제대로 실천하는 사람은 많지 않다. 대부분의 리더들은 상대방의 이야기는 듣지만 듣고 싶은 이야기만 듣고, 있는 그대로 듣기보다는 해석하려고 한다. 이렇게 듣는 이유는 듣는 과정에서 문제점이 무엇인지 알려주고 그것의 해답을 찾아주려고 하기 때문이다. 생각해보면 그런 경우가 종종 있었을 것이다. 내가 힘든 상황에서 어렵게 이야기를 꺼냈는데 상대가 너무 쉽게 충고나 조언을 해서 섭섭한 마음이 들었던 기억이 있을 것이다.

누구든 이야기를 통해 답을 얻고자 하는 화자는 드물다. 그저 공감해 주고 그저 얘기를 들어주기만 원하는 경우가 많다. 그래서 듣는 힘이란 상대방을 이해하는 힘이지 답을 주는 힘이 아니다. 상대방을 이해하려면 상대방의 이야기를 해석하려고 하기보다는 있는 그대로 들어야 한다.

나무에서 리좀으로, 통제에서 연결로

현대 조직은 더 이상 하나의 중심축을 따라 위계적으로 움직이지 않는다. 탈중심적 구조는 단일 리더십에 의존하지 않고, 자율성과 다원성이 공존하는 유기체로서의 조직을 지향한다. 이 새로운 조직 운영 패러다임에서 리더의 역할은 무엇인가? 바로 '통제자'가 아닌 '연결자', '방향 제시자'가 아닌 '적응 촉진자'로의 전환이다.

리좀적 조직: 다양성과 유연성의 생태계

생물학적 개념인 '리좀(Rhizome)'은 고구마나 감자처럼 수평적으로 뻗어나가는 줄기 구조를 의미한다. 이는 수직적이고 중심화된 나무 구조와 대조된다. 조직에서 리좀 모델은 중앙 권위 없이 여러 갈래의 연결망 속에서 정보와 권한이 분산되는 구조를 상징한다. 이는 단순히 조직의 형태가 아닌, 지식 생산과 의사결정, 권한 구조의 철학적 전환을 내포한다.

일본의 가나자와 미술관은 이러한 리좀 구조를 건축으로 구현한 대표 사례다. 중심 홀이 없는 대신, 전시 공간은 각각 독립적으로 흩어져 있으며, 관람객은 정해진 동선이 아닌 자유로운 탐색을 통해 전시를 경험한다. 이는 수동적 관람에서 능동적 탐색으로의 전환이며, 조직에서 구성원이 자율적으로 움직이는 구조와도 닮아 있다.

탈중심 사회의 리더십: 알고리즘 리더

탈중심적 조직 구조에서 전통적 '나무형 리더'는 더 이상 적합하지 않다. 그 대신 부상한 개념이 바로 '알고리즘 리더(Algorithmic Leader)'이다. 이들은 직접 통제하거나 지시하기보다는, 연결망 속에서 자율성을 보장하고 시스템이 스스로 학습하고 진화하도록 돕는 역할을 한다.

영국 AI 기업 '사탈리아(Satalia)'의 창업자 대니얼 흄은 진정한 AI란 "목표지향적 적응행동"을 수행할 수 있는 존재라고 주장한다. 이 개념은 인간 조직에도 그대로 적용된다. 리더는 구성원이 자율적으로 목표를 설정하고, 환경에 적응하며, 시행착오를 통해 학습할 수 있는 조건을 만들어야 한다. 이는 곧 리더가 판단자나 관리자라기보다 '적응을 촉진하는 시스템 디자이너'가 되어야 함을 의미한다.

실천적 사례: 다중 리더십의 방송 프로그램

TV 예능 프로그램 '라디오스타'나 '1박 2일'과 같은 다중 MC 체제는 탈중심 리더십이 실생활 속에서 어떻게 구현되는지를 잘 보여준다. 과거처럼 한 명의 MC가 이끄는 전통적 리더십 대신, 여러 명이 각자의 개성을 발휘하며 공동으로 프로그램을 이끌어간다. 이는 공동 책임, 상호 존중, 자율적 기획이 중심이 되는 리더십 운영 모델이다.

결론: 리더의 새로운 존재 방식

 탈중심 조직에서는 리더 개인의 카리스마나 결단력이 아닌, 연결된 시스템 속에서의 학습 촉진, 실수 허용, 실험 장려, 자율 권한의 분산이 핵심이 된다. 손정의가 "미래가 도래하기 전까지 살아남는 것"을 강조한 것처럼, 리더는 위기 때 생존할 수 있는 구조를 설계하고, 불확실성 속에서도 자생력 있게 움직이는 조직을 만들어야 한다.

 따라서 탈중심 시대의 리더는 '나무의 줄기'가 아니라, '리좀의 연결점'으로 존재해야 한다. 이 리더는 방향을 제시하기보다는 조건을 조성하고, 통제하기보다는 적응을 유도하며, 독점하기보다는 공유하고 개방한다. 그런 리더십이야말로 알고리즘 시대에 어울리는 진정한 조직의 뿌리가 될 것이다.

❏ 천 개의 고원, 질 들뢰즈 외 저, 김재인 번역, 새물결, 2003년. 리좀(Rhizome)은 원래 땅속에서 옆으로 뻗어나가며 새로운 개체를 만드는 식물의 지하경(땅속줄기)을 의미하며, 질 들뢰즈와 펠릭스 가타리가 『천 개의 고원』에서 제시한 **비위계적이고 다중적인 철학적 개념**으로 유명해졌다. 이 개념은 하나의 중심을 가진 '수목(나무)' 형태의 위계적 질서와 대조되며, 시작과 끝이 없고 수평적으로 연결되며 유연하게 변화하는 탈중심적이고 다양체적인 사유 체계를 나타낸다.

❏ 알고리즘 리더, 마이크 월시 저, 방영호 번역, 알파미디어, 2024년.

중앙집중형 리더에서 자율적 시스템 설계자·연결자로의 리더십 변화 그런데 알고리즘 시대에는 경쟁자와 협력자, 로컬과 글로벌, 상사와 부하직원, 중심과 변두리, 고객과 상품, 인간과 기계를 구분하던 경계가 모호해진다. 데이터와 알고리즘은 20세기의 기업조직과 업계, 사회라는 잘 정돈된 모델을 무의미하게 하며 복합적이고 역동적인 방식으로 우리를 연결한다.

아날로그 시대의 리더가 위계조직의 사다리를 오르면서 성장했다면, 알고리즘 시대의 리더는 유기적인 생태계와 매우 흡사하게 상호 연결된 전체성에서 조직을 운영해야 한다.(p.27)

CEO의 멘탈관리
– 리더십의 보이지 않는 조건, 버텨내는 힘

"CEO의 멘탈이 무너지면 회사도 무너진다."

이 말은 단순한 비유가 아니다.

조직의 최정점에 있는 사람, 누구보다 강해 보여야 하는 자리. 그러나 정작 가장 취약한 지점도 바로 그곳이다.

미국 플로리다대의 에런 힐(Aron Hill) 교수는 흥미로운 연구를 소개한다.

조직의 실적이 좋을수록 CEO는 **실패에 대한 두려움과 성과 유지에 대한 압박**에 시달린다는 것이다.

이는 소위 '성공의 역설(paradox of success)'이라 불린다. 위기 상황보다 오히려 **평상시가 더 위험**할 수 있다는 경고다.

CEO의 전쟁터는 겉이 아닌 '내면'이다

벤처캐피털리스트이자 실리콘밸리의 경영 구루인 벤 호로위츠(Ben Horowitz)는 저서 『Hard Thing About Hard Things』에서 이렇게 말한다.

"경영에서 가장 어려운 기술은 멘탈 관리다."

그는 CEO가 겪는 구조적 스트레스를 다음과 같이 설명한다.

- 실수할 자유가 없다.

- 고민을 누구에게도 완전히 공유할 수 없다.
- 궁극적으로 모든 책임은 자신에게 돌아온다.

이런 상황에서 많은 리더들이 두 가지 극단에 빠진다. 하나는 문제를 지나치게 개인적으로 받아들여 **고립**되는 것, 다른 하나는 감정을 차단한 채 **무관심한 경영자**가 되어 조직의 신뢰를 잃는 것이다.

따라서 중요한 태도는 단순하다.
감정은 분리하되, 문제는 직면하는 것.
이것이 가능한 리더만이, 고통 속에서도 조직을 이끌어낼 수 있다.

코칭은 CEO의 '정신적 방탄조끼'다

최근 고성과를 내는 CEO일수록 **이그제큐티브 코칭(Executive Coaching)**을 적극 활용하고 있다.
단지 퍼포먼스를 높이기 위함이 아니다.
조직 내부에서 사라져버린 피드백 루프를 복원하고, 리더의 **정서적 버퍼**를 형성하는 역할을 한다.
좋은 코치는 CEO에게 다음과 같은 기능을 수행한다.

- 조직 밖에서 경청하는 제3자의 존재감
- 판단과 감정 사이의 경계 설정

- 고립된 결정의 맹점을 다면적으로 보완
- 사소한 감정에도 반응하지 않고 구조적으로 접근하도록 돕는 촉진자

코칭은 외부 인재가 아닌, **CEO 스스로를 지키는 시스템**이다.

버티는 리더를 위한 다섯 가지 실천 전략

1. **버퍼팀 구축**: 외부 CEO 모임이나 내부 참모진과의 회의 구조를 정례화해, '혼자 결정하지 않기'를 실천한다.
2. **감정은 분리, 문제는 공유**: 생각을 글로 정리하거나 논리적 메모를 통해 감정의 개입을 줄인다.
3. **질문을 바꾼다**: "왜 이랬을까"보다 "지금 무엇을 배울 수 있을까"라고 자문하는 메타인지적 태도를 기른다.
4. **정서적 멘토 확보**: 실패를 경험한 선배 CEO나 외부 코치와의 정기적 대화는 고립을 방지한다.
5. **회피하지 말고 직면한다**: 포기하지 않고 문제를 끝까지 들여다보는 것이 결국 리더의 실력이다.

결론: CEO의 멘탈은 조직의 숨은 자산이다

CEO의 멘탈 관리는 단순한 개인의 건강 차원이 아니다.
그것은 **조직문화, 의사결정, 위기 대응력 전체를 좌우하는 핵심 인프라**다.

이 시대의 리더십은 전략이나 실행력만으로 완성되지 않는다.
불확실성 속에서도 냉정함을 유지하는 힘, 감정에 휘둘리지 않고 끝까지 책임지는 자세,
그리고 무엇보다 **스스로를 지키는 능력**이 진정한 리더십의 조건이다.

'버텨내는 리더'가 있는 조직만이
위기 앞에서도 흔들리지 않는다.

❑ The Hard Thing About Hard Things, Horowitz, Ben, Harper Business, 2014.

성공한 창업가와 유명 투자자라인 저자는 《하드씽》에서 창업과 파산 위기, 화려한 재기와 성공적인 매각, 그리고 새로운 창업까지, 자신이 헤쳐온 악전고투의 과정을 생생하게 풀어놓는다.
"이 책에 공식 같은 건 없다." 그는 단호하게 말한다. 무슨 얘긴가 싶지만, 그의 말을 따라가다 보면 이내 고개를 끄덕이게 된다. 오랫동안 함께한 직원을 해고해야 할 때, 사내정치 문제가 심각해졌을 때, 파산을 막을 투자가 절실할 때, 회사를 팔아야 하는지 고민될 때…. 여기에 정답이 있을 리 만무하다. 경제경영서에서 흔히 말하

는 성공 공식으로 해결할 수 있는 것은 아무것도 없다. 저자는 이것들이 진정으로 어려운 '경영의 난제'이며, 리더라면 반드시 이와 같은 문제에 직면하는 순간을 맞이한다고 말한다. 그리고 자신의 경험을 토대로 정답 없는 문제를 풀어가기 위한 '최선의 한 수'를 제시한다.

선제적 근본적 문제해결

우리는 종종 문제가 발생한 뒤에야 허둥지둥 대응하며, 반복되는 악순환의 수렁에 빠진다. 그러나 진짜 해결은 '발생 이후'가 아닌 '발생 이전'에서 시작되어야 한다. 상류적 문제 해결이란 바로 이처럼 **문제의 뿌리를 찾아 선제적으로 개입하고, 재발을 막는 구조를 설계하는 사고방식**을 의미한다. 이를 단순히 '예방'이라기보다 시스템적 차원에서 근본을 고치는 **조직 전략**으로 보아야 한다.

반응하는 조직에서 예방하는 조직으로

댄 히스(Dan Heath)는 『업스트림』에서 "사건 현장에서 구조하는 것이 아니라, 문제를 만드는 흐름의 시작점까지 올라가 그 자체를 차단하라"고 말한다. 예컨대 수도꼭지에서 더러운 물이 나온다면, 배관을 고치는 것보다 상수원 자체를 정비하는 것이 궁극의 해결이다. 기업도 마찬가지다. 고객 클레임에 반복적으로 대응할 바에야, **왜 그런 불만이 생기는지 미리 진단하고 제도적 예방책을 강구해야 한다.**

문제에 익숙해질수록 우리는 오히려 그것이 당연하다고 느낀다. 이는 **문제 불감증**을 불러오며, 구조적 터널링(tunneling)에 갇혀 근본적 시야를 상실하게 된다. 시간 압박과 부서 이기주의, 전문성에 갇힌 사고방식은 상류로의 전환을 더욱 어렵게 만든다.

부서 장벽과 책임 회피, 그리고 시스템 문제

조직은 각자의 전문성과 역할에 따라 기능하지만, 이 구조는 때로 "우리 일은 여기까지"라는 경계선을 만들며 **상류적 문제해결을 가로막는다.** 한 부서의 문제는 사실 타 부서의 신호일 수 있다. 그러나 "그건 우리의 업무가 아니다"라는 자세는 결국 외양간을 고치지도 못하게 한다.

결국 해결은 각 구성원이 **피해자가 아니라 책임자로 나설 때** 시작된다. 댄 히스는 말한다. "내가 이 문제를 만들진 않았지만, 내가 해결할 것이다." 이 선언이 조직에 전파될 때 비로소 시스템은 변화를 시작한다.

위험을 예측하는 조기경보 시스템의 필요

예방 중심의 시스템을 구축하려면 사건 발생 이전의 신호를 읽을 수 있는 조직 감수성이 필요하다. 이는 곧 '경보 시스템'이다. 뉴욕시의 가로수 정비 예산 삭감이 결국 시민 손해배상금 급증으로 이어진 사례나, 인도의 '코브라 수당' 정책이 되려 코브라 개체 수를 늘렸던 '코브라 효과'처럼, 시스템은 복잡하고 예측되지 않은 부작용으로 이어질 수 있다. **따라서 진정한 상류 전략은 단순히 빨리 조치하는 것이 아니라, 장기적이고 다학제적 사고를 전제로 해야 한다.**

조직의 방향성과 4C의 역할

특히 기업 환경에서는 각 회사의 정체성과 방향성, 즉 "우리는 어떤 회사를 만들고 싶은가?"에 대한 성찰 없이는 진정한 상류 전략을 설계할 수 없다. 이를 위해 4C(Connect, Communicate, Coordinate, Commit)는 다음과 같은 핵심 역할을 한다.

- **Connect (연결)**: 문제와 사람, 문제와 제도, 과거와 현재를 연결하여 통합적 이해를 돕는다.
- **Communicate (소통)**: 사일로를 넘어 부서 간 정보를 공유하고, 문제의 실체를 정직하게 드러낸다.
- **Coordinate (조율)**: 자원과 역할을 효과적으로 배분하여 선제적 조치를 실행한다.
- **Commit (헌신)**: 당장의 효과보다 장기적 성과를 위한 전략적 인내와 실천을 약속한다.

결론: 한 사람의 선언에서 시작되는 변화

시카고 공립학교가 졸업률을 높이기 위해 고학년이 아닌 입학 첫해에 자원을 집중했던 사례, 록퍼드 시가 노숙자가 되기 전 단계에서 중재 시스템을 도입해 문제를 해결한 사례 등은 **상류적 사고가 얼마나 강력한 변화를 만들 수 있는지 보여주는 실례**다.

결국 상류 전략의 본질은 작은 문제를 반복적으로 해결하는 것에서 벗어나, 문제 자체가 생기지 않도록 구조를 바꾸는 것이다.

❑ 업스트림, 댄히스 저, 박선령 번역, 웅진지식하우스, 2021년.

『업스트림』은 '상류'라는 뜻으로, 문제에 선제적으로 대응하는 사고방식과 시스템을 말한다. 이 책은 우리가 문제의 근본 원인을 예측하거나 대비하는 일이 충분히 가능함에도 불구하고, 문제가 터지면 '대응'하는 데에만 급급해 수많은 기회를 놓치고 있다고 말한다. 바로 이 차이, 즉 문제를 상류에서 원천적으로 해결하느냐 하류에서 막기만 하느냐에 따라서 조직이, 인생이 달라진다는 점을 뼈아프게 보여준다.

질문 하나로 1억 달러를 아낀 여행 회사에서부터 1인당 13달러에 불과한 돈으로 6만 명을 구한 허리케인 시뮬레이션 팀까지, 우리의 상식을 뛰어넘는 놀라운 결과 뒤에는 항상 '업스트림'이 있다.